图说明朝帝陵

胡汉生◎著

中国社会出版社
国家一级出版社·全国百佳图书出版单位

长陵全景

图书在版编目（CIP）数据

图说明朝帝陵/胡汉生著．—北京：中国社会出版社，2015.7

ISBN 978－7－5087－5089－7

Ⅰ.①图…　Ⅱ.①胡…　Ⅲ.①十三陵－图解　Ⅳ.①K928.76－64

中国版本图书馆 CIP 数据核字（2015）第 148467 号

书　　名： 图说明朝帝陵
著　　者： 胡汉生

出 版 人： 浦善新
终 审 人： 王　前
责任编辑： 杜　康　　　**责任校对：** 王银霞

出版发行： 中国社会出版社　邮政编码：100032
通联方法： 北京市西城区二龙路甲 33 号
电　　话： 编辑室：（010）58124864
邮购部：（010）58124848
销售部：（010）58124845
传　真：（010）58124856
网　　址： www.shcbs.com.cn
经　　销： 各地新华书店

中国社会出版社天猫旗舰店

印刷装订： 中国电影出版社印刷厂
开　　本： 170mm×230mm　1/16
印　　张： 11
字　　数： 200 千字
版　　次： 2015 年 9 月第 1 版
印　　次： 2015 年 9 月第 1 次印刷
定　　价： 39.00 元

中国社会出版社微信公众号

目录

祖陵神道全景

上篇　明初三陵

中篇　明十三陵

下篇　两座由王坟改建而成的帝陵

概说明帝陵

我国古代墓葬文化源远流长，内容博大精深，丰富多彩。特别是帝王级的陵墓，因墓主社会地位至尊至贵，以及受当时宗法礼制、追求墓葬防盗耐久、讲究风水择吉而葬等诸多因素的影响，使其不仅在建筑规模的宏大方面远胜人臣墓葬，而且更富有神秘莫测的特点。

明朝，处于中国封建社会的晚期。从明太祖朱元璋扫灭群雄，于公元 1368 年称帝南京，继而推翻元朝统治起，到李自成率农民起义军于公元 1644 年攻破

长陵神道全景

明太祖朱元璋画像

明祖陵神道石将军

北京城，崇祯皇帝朱由检煤山自缢止，先后有16位皇帝君临天下，统治时间长达277年。在这16位皇帝中，第二代皇帝建文帝朱允炆是明太祖朱元璋之孙，因其父懿文太子朱标早逝，所以朱元璋在世时就立他为皇太孙，以表示他是皇位的合法继承人。但朱允炆却因缺少政治经验，优柔寡断，在位仅四年，就被其四叔燕王朱棣发动的“靖难”之役赶下了皇位。当时的人或说皇宫起火他被烧死，或说逃出皇宫出家为僧，来往于四川、云南等地，正统年间回到北京，老死于皇宫，总之是说法不一，生死不明。因此，他没有陵墓保存下来。其余15帝则或生前或死后都建有陵墓。加上洪武、嘉靖两朝营建的3座追尊帝陵墓，明朝的帝陵共有18座。

这18座帝陵分布在我国江苏、安徽、湖北和北京三省一市的不同地区。其中，明太祖朱元璋的孝陵位于江苏省南京市，朱元璋父母的皇陵位于安徽省凤阳县，朱元璋高祖父母、曾祖父母、祖父母的祖陵位于江苏省盱眙县，明世宗朱厚熜父母的显陵位于湖北省钟祥市，景泰帝朱祁钰的陵位于北京西郊，其余13座帝陵则集中建于北京市昌平区的天寿山陵区内，人们称之为明十三陵。

就陵寝制度而言，明朝的帝陵有着自己的鲜明特色。这就是从南京孝陵到北京天寿山诸陵，以及湖北的显陵，陵前都导以曲折幽深的神道，陵宫建筑则取前方后圆的平面布局方式。这一独特的陵寝布局方式不仅有别于明朝早期的皇、祖二陵，而且在中国古代陵寝制度史上也是独树一帜。明朝帝陵这一布局形式后来又为清代所继承，形成了最后的终极模式。

明朝时，每座帝陵都设有内外官员和陵卫军士进行管理和守护，因此比较安全。明末战乱时期，虽有农民起义军破坏，但并不严重。清朝时，为怀柔满汉两族关系，巩固政权，朝廷同样对明陵采取了保护政策。因此，明朝帝陵比其前历代帝陵保存得都更为完整，历史遗存也更为丰富。

基于明朝帝陵深厚的历史文化价值和较强的真实性与完整性，联合国教科文组织世界遗产委员会先后于 2000 年和 2003 年将明显陵、明孝陵和明十三陵作为“明清皇家陵寝”的组成部分，列入《世界遗产名录》。从此，明朝帝陵成为全人类共享的宝贵文化财富。

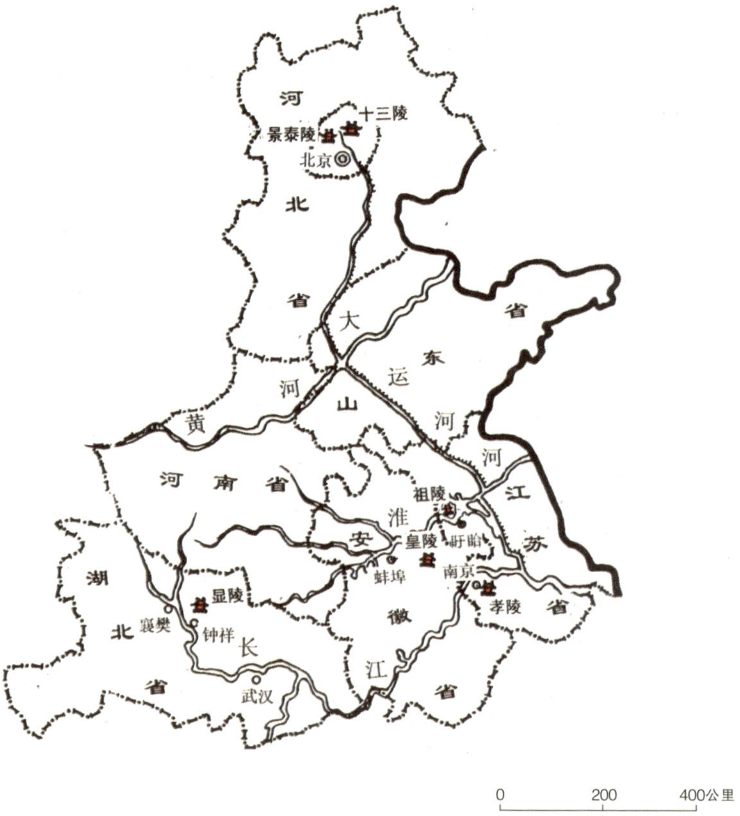

明朝帝陵分布图

明朝帝陵一览表

序号	陵名	皇帝姓名	年号	庙号	谥号	在位年代	世系	享年	合葬皇后姓氏	陵址
1	祖陵	朱百六		德祖	玄皇帝		太祖高祖父	不详	胡	江苏盱眙
		朱四九		懿祖	恒皇帝		太祖曾祖父	不详	侯	
		朱初一		熙祖	裕皇帝		太祖祖父	不详	王	
2	皇陵	朱世珍		仁祖	淳皇帝		太祖父亲	64	陈	安徽凤阳
3	孝陵	朱元璋	洪武	太祖	高皇帝	1368—1398		71	马	江苏南京
		朱允炆	建文		恭闵惠皇帝	1398—1402	太祖孙			
4	长陵	朱棣	永乐	成祖	文皇帝	1402—1424	太祖四子	65	徐	北京昌平
5	献陵	朱高炽	洪熙	仁宗	昭皇帝	1424—1425	成祖长子	48	张	北京昌平
6	景陵	朱瞻基	宣德	宣宗	章皇帝	1425—1435	仁宗长子	37	孙	北京昌平
7	裕陵	朱祁镇	正统	英宗	睿皇帝	1435—1449	宣宗长子	38	钱、周	北京昌平
			天顺			1457—1464				
8	景泰帝陵	朱祁钰	景泰	代宗	景皇帝	1449—1457	宣宗次子	30	汪	北京海淀
9	茂陵	朱见深	成化	宪宗	纯皇帝	1464—1487	英宗长子	41	王、纪、邵	北京昌平
10	泰陵	朱祐樘	弘治	孝宗	敬皇帝	1487—1505	宪宗三子	36	张	北京昌平
11	显陵	朱祐杬		睿宗	献皇帝		世宗父亲	43	蒋	湖北钟祥
12	康陵	朱厚照	正德	武宗	毅皇帝	1505—1521	孝宗长子	31	夏	北京昌平
13	永陵	朱厚熜	嘉靖	世宗	肃皇帝	1521—1566	宪宗孙	60	陈、方、杜	北京昌平
14	昭陵	朱载垕	隆庆	穆宗	庄皇帝	1566—1572	世宗三子	36	李、陈、李	北京昌平
15	定陵	朱翊钧	万历	神宗	显皇帝	1572—1620	穆宗三子	58	王、王	北京昌平
16	庆陵	朱常洛	泰昌	光宗	贞皇帝	1620	神宗长子	39	郭、王、刘	北京昌平
17	德陵	朱由校	天启	熹宗	悊皇帝	1620—1627	光宗长子	23	张	北京昌平
18	思陵	朱由检	崇祯		庄烈愍皇帝	1627—1644	光宗五子	35	周	北京昌平

上篇

明初三陵

《金陵梵刹志》中明凌大德绘《孝陵与灵谷寺》(摘自王焕镳《明孝陵志》)

明初三陵，是指洪武年间营建的安徽凤阳朱元璋父母的皇陵、江苏南京朱元璋夫妇的孝陵以及江苏盱眙朱元璋三代祖父母的祖陵三座陵园。由于三陵营建处于明朝早期，相关的典章制度尚处草创时期，因而三陵从陵寝制度看，彼此变化较大。皇、祖二陵较多地借鉴了宋代帝陵制度，而孝陵则在皇陵制度基础上进行了较大幅度的变革，故三陵陵制风格呈多姿多彩之态势。

祖陵神道石狮

祖陵

明太祖朱元璋三代祖父母之陵

祖陵，位于江苏省盱眙县西北管镇镇明陵村境内，是明太祖朱元璋高祖父母、曾祖父母和祖父母三代祖考的衣冠冢陵寝，也是其祖父母的实葬墓。

一、从朱元璋追尊四代谈起

我国很久以前就有得帝者尊先人为帝的做法，所谓“尊敬先世，人之至情。祖父有天下，传之于子孙。子孙有天下者，追尊于祖考”。在朱元璋看来，这一做法是“古今之通义”，是天经地义的。所以，他在洪武元年（1368 年）正月四日举行登极仪式后，就将自己的高祖父母、曾祖父母、祖父母和父母四

祖陵神道石品官

祖陵神道石麒麟

代先人追尊为皇帝和皇后。其中，高祖父朱百六被尊为德祖玄皇帝，高祖母胡氏被尊为玄皇后；曾祖父朱四九被尊为懿祖恒皇帝，曾祖母侯氏被尊为恒皇后；祖父朱初一被尊为熙祖裕皇帝，祖母王氏被尊为裕皇后；父亲朱世珍被追尊为仁祖淳皇帝，母陈氏被尊为淳皇后。

然而朱元璋这四代先人生前却都不是什么显贵之人。其高祖父母、曾祖父母都家居距南京城40华里的句容县通德乡朱家巷，以务农为生。祖父母在元朝时被籍为淘金户。由于句容不产金，难以交纳官府额定的金子，只得渡过江淮，逃到泗州城北的孙家巷定居，过着以垦荒种植为业的生活。其父母因生活贫困，更是举家一迁再迁，最后被瘟疫夺去了生命。

祖陵神道石马与马官

二、祖陵的寻址过程与陵地传说

朱元璋的先祖们既然被尊为皇帝、皇后，其葬处就应称陵，并应依制建造帝陵建筑。《明史·礼志·山陵》记："太祖即位，追上四世帝号。皇祖考熙祖墓在凤阳府泗州玭城北，荐号曰祖陵。"但这时却只有陵号，而没有建造陵寝建筑。

朱元璋没能在洪武初年营建祖陵建筑是有历史原因的。他少时家贫，居住地一迁再迁，使他根本不知道其三代祖考的确切葬地。因此，他为寻找祖陵的地点颇费一番周折，陵园也因此而建造得晚些。

据文献记载，开始时有人告诉朱元璋朱氏的祖茔在朱家巷。朱元璋为此特命人在朱家巷修筑了万岁山，亲临拜祭。但这新筑的万岁山竟经不住他这一拜，顷刻之间"分为深涧"，朱元璋为此重罚言者，认为这不是自己的祖茔所在。

后来，朱元璋经过回忆，想起皇姑孝亲公主（朱元璋二姐）曾说过祖父的坟墓在泗州旧陵嘴一带，但具体位置仍无从查考。所以，当时只能"时向西城濒河凭吊，岁时遣官致祭"。实际上这种祭礼只是"望祭"而已。

洪武十七年（1384年），一个偶然的机会，终于使朱元璋弄清了祖陵的真实位置所在。

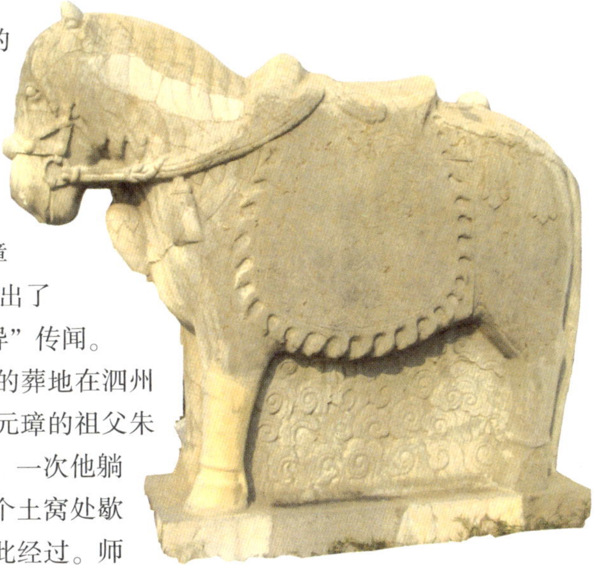
祖陵神道石马（下有云纹）

那年十月，朱元璋的一位同宗人龙骧卫总旗朱贵因年老回到家乡。他把朱元璋祖先的宗谱调查清楚后讲给朱元璋听，又画图帖说，指出朱元璋祖父的居处和葬地，还讲出了有关其祖父母葬地的"灵异"传闻。

原来，朱元璋祖父母的葬地在泗州城北的杨家墩。据说，朱元璋的祖父朱初一在孙家岗村住的时候，一次他躺卧在屋后的杨家墩下的一个土窝处歇息。恰有师徒两位道士从此经过。师父指着朱初一躺卧处说："若葬此必出天子。"其弟子不明其故，询问根由。师父说："此地气暖，试以枯枝栽之，十日必生叶。"二道士怕朱初一听见，叫他起来，他却故意装成熟睡的样子。于是道士将一枯枝插在朱初一身旁离去。十天过后，朱初一大早去看，枯枝果然长出嫩叶。朱初一为迷惑道士，将树枝拔去，另换一枯枝插上。一会儿，道士来到，见仍是枯枝，感到诧异。他见朱初一在旁，心里明白了是怎么回事。遂自言自语说："必此人易去。"又对朱初一说："汝有福，殁当葬此，出天子。"说罢，道人便不见了。朱初一把这件事告诉朱元璋的父亲，1327 年夏，朱初一去世，便葬在了那里。后来朱元璋当了皇帝，人们便都说是杨家墩的风水好。

祖陵神道石马官

而杨家墩这一"旧日止有墩阜，后复加土封之"的小土丘也因葬有朱元璋的祖父母而被视为"山脉迤逦而来，形势尊严，绵亘起伏，所谓势如万马自天而下者"的风水吉地，有了"万岁山"的封号，嘉靖十年（1531 年）又封为"基运山"，被朱明王朝视为"肇基帝迹"的发祥之地。

三、祖陵的营建及其规制

祖陵的营建始自洪武十八年（1385 年），懿文太子朱标奉命率文武群臣及工匠人等前往修建，但朱标并没有把祖陵全部建成。在他去世后，朝廷又多次组织营建，直到嘉靖时期才最终完成。

其陵园建筑由地下玄宫和地上园寝建筑组成。

地下玄宫位于祖陵的墓冢（万岁山）之下。本来按常理说，玄宫应用来安放墓主的尸体及随葬物。但祖陵的玄宫却只放置了朱元璋三代祖考的衮冕冠服

等物。按明曾惟诚《帝乡纪略》卷一《帝迹志·陵墓》所记，祖陵玄宫建于洪武十九年（1386年）。计有三圹。三圹的位置不在朱元璋祖父的葬地——旧陵嘴，而是位当旧陵嘴的西北，祖陵的享殿之后。祖陵玄宫位置如此经营，据载是皇太子朱标和诚意伯刘基秘密商定的。他们认为，这样可以不必打开朱初一的墓穴，因此可防止“王气”的泄漏，同时又可利用新建的玄宫将德、懿二祖招魂祔葬，使祖陵成为朱元璋三代祖考的共用之陵。祖陵玄宫的殿室规模、布局方式，明朝文献没有详细记载。直到1982年有关部门清理祖陵遗址才发现祖陵的墓冢地表下约2米深处有横向并排而列的九座拱券券门。这九座拱券应即是《帝乡纪略》所记的“三圹”（每圹由三券组成）。

祖陵的地上园寝建筑基本仿照皇陵而建，但方向为坐北朝南与皇陵不同。《帝乡纪略》记其规模如下：

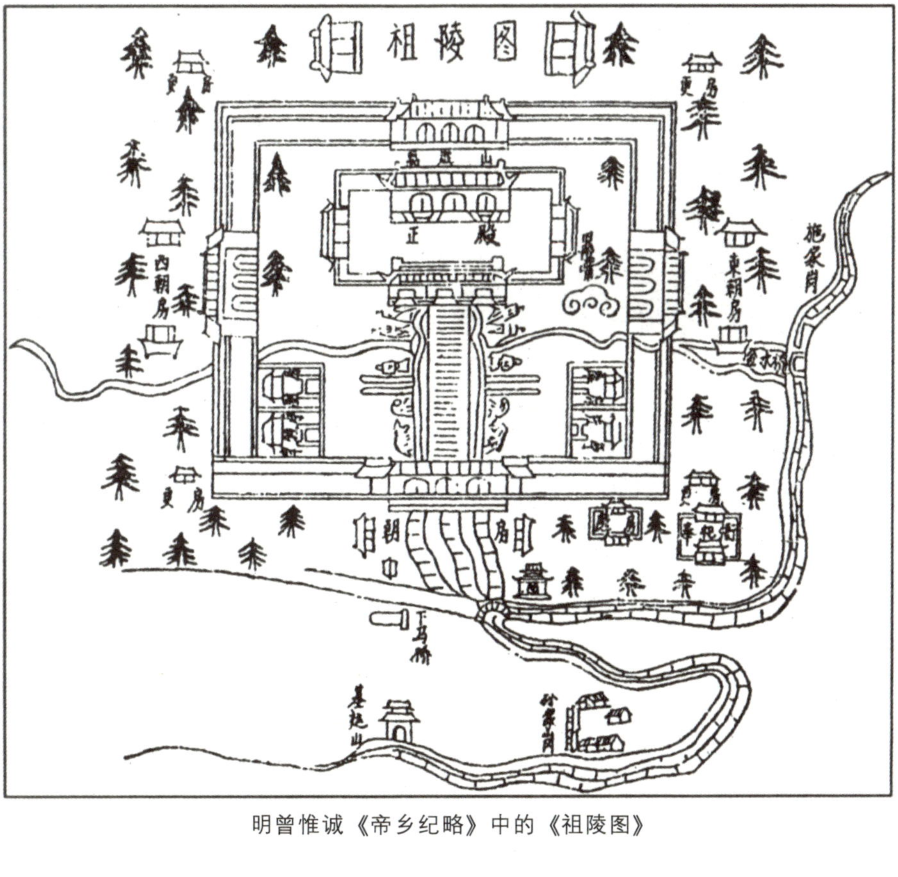

明曾惟诚《帝乡纪略》中的《祖陵图》

祖陵神道石内侍

祖陵墓冢

“皇城，正殿五间，东西两庑六间，金门三间，左右角门二座，后红门一座，燎炉一座。砖城一座，内四门四座，各三间，红门、东西角门两座；外有先年东宫具服殿六间，直房十间，东、西、北三门直房十八间，星门三座，东西角门二座，内御桥一座，金水河一道，石仪从卫侍俱全，天池一口，井亭一座，神厨三间，神库三间，酒房三间，宰牲亭一所，斋房三间。外罗城内，磨房一所，角铺四座，窝铺四座，砖桥一座；城外，下马牌一座，东西面御水堤二道，自下马桥起至施家岗止，共长六百七十五丈五尺，外金水桥河堤添闸一座。城内东祠祭署一所，堂、厅、门、廊、斋房悉备，颇为完美。”另据该书所刊《祖陵图》还应有碑亭等建筑。

祖陵的石像生经管理部门清理复位，计有 21 对。由前而后依序为麒麟 2 对、狮子 6 对、望柱 2 对、马官 1 对、马及拉马侍（连体）1 对、刻云纹马及侍从各 1 对（不连体）、品官 2 对、将军 2 对、内臣 2 对。祖陵石像生在种类上比皇陵少了虎和羊两类。这可能与洪武五年（1372 年）六月，将羊虎列为功臣及四品官以上臣属墓前仪物有关。

四、水毁陵园

祖陵地势低洼，虽然明朝时有“地俱山冈”之说，但其四周却被河、湖、沟水所包围。因之，祖陵营建之后总是水患不断。《明世宗实录》记其水患情

况："每岁水大则众流会合，从东南直河奔注于淮水；小则汇潴于陵之东南二面，四时不涸。但遇夏秋淮水泛滥，则西由黄冈口，东由直河口，弥漫浸灌，与诸湖水合，遂淹及冈足。"

到了明万历时期，祖陵的水患达到了十分严重的程度。当时，淮河和黄河的交汇处清河口南距祖陵仅一百多公里。黄河与淮河汇为一流后，由于黄河水势强，淮河水势弱，黄河夹带大量泥沙流至清河口，受淮水所阻，流速变缓，沙随波住，遂有大量的泥沙淤积于清河口，使河床增高，进而又使大量的泥沙倒灌洪泽湖中，造成洪泽湖湖床增高，洪泽湖的水位因之而增高。祖陵与洪泽湖相邻，洪泽湖水的上涨遂殃及祖陵。

万历八年（1580年），祖陵下马桥处水深竟达八尺，旧陵嘴处水深丈余，600余株松柏被淹，变为枯木。万历二十年（1592年），工科右给事中张贞观目睹祖陵被淹惨状，奏称："臣展谒祖陵，见淮水一望无际，泗州城如水上浮盂，而盂中之水复满，气象愁惨，不忍睹闻。虽玄宫高耸，乃自神路至三桥并诸仪卫、丹墀，无一不被水矣。"万历二十三年（1595年）祖陵几乎全部被淹。该年六月，御史夏子臣上疏言及祖陵情况，谓"玄宫之上，水且盈丈。议者既不敢言，又不能救。"此后，万历二十五年（1597年）、崇祯四年（1631年）、崇祯十五年（1642年）祖陵又数次被淹。

清朝初年，祖陵仍不断被淹。康熙十九年（1680年）夏秋，黄淮并涨，水漫洪泽湖堤，从此明祖陵沦入一片汪洋的洪泽湖中。

新中国成立后，江苏省人民政府对陵寝遗址、遗物进行保护，归安石像生，并整治周围环境，使祖陵重新展示在世人面前。

祖陵神道全景

皇陵

明太祖朱元璋父母之陵

皇陵，位于安徽省凤阳县城西南八公里处，是明太祖朱元璋之父仁祖淳皇帝朱世珍和母淳皇后陈氏的陵园，也是明朝最早营建的陵园。

一、朱元璋父母的殁葬

朱元璋的父亲本名朱五四，是个贫苦的佃农。后来朱元璋投身农民起义，有了一定身份，才把父亲的名字改为朱世珍。而他那“仁祖”庙号、“淳皇帝”的谥号以及其妻陈氏“淳皇后”的谥号则都是朱元璋称帝时追尊的。

朱世珍夫妇生前所受的生活煎熬是十分凄惨的。朱世珍八岁时随父朱初一过江渡淮，逃到了泗州城北

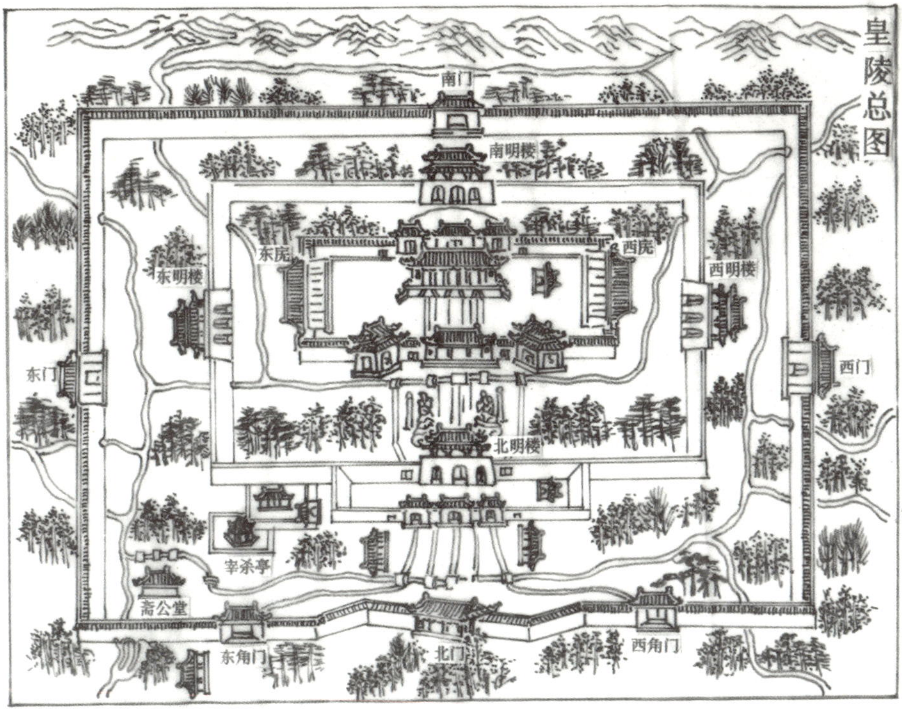

明柳瑛《中都志》中的《皇陵总图》

13 里处的孙家岗（今属江苏省盱眙县）。朱世珍长大后娶妻陈氏。朱世珍在父母去世后家境越来越困苦，迫于生计，与哥哥携带全家背井离乡，四处谋生。其兄一家迁到了濠州钟离东乡（今安徽省嘉山县治明光镇赵府村）。朱世珍一家则先后迁居至安徽的灵璧县和虹县，后来也迁到了钟离东乡。元顺帝至元三年（1337 年），朱世珍一家又迁到钟离西乡。次年迁至钟离太平乡孤庄村，一家人给村里的地主刘继德做了佃户。刘继德为人刻薄，朱世珍一家终年劳碌，生活却越来越苦。元至正四年（1344 年）春，江淮大地遇到了特大旱灾，禾苗干枯，田地龟裂，接着又闹起了蝗虫

皇陵神道石狮

皇陵神道石羊

和瘟疫。这一年的四月初六，64岁的朱世珍因身染瘟疫、无钱医治而去世，59岁的陈氏也于同月二十二日病故。

在这场巨大的灾荒和瘟疫中丢掉性命的还有朱世珍的长子朱重四及重四的大孩子。一家四口人的丧事只好由朱世珍的二子重六和17岁的小儿子朱元璋料理。据朱元璋亲自撰写的《皇陵碑》记载，朱元璋和二哥曾央求地主刘继德，希望能施舍一小块坟地。但刘继德不但不给，还“呼叱昂昂”，把兄弟二人斥骂了一顿。是刘继德的兄长刘继祖怜悯兄弟二人，给了一块坟地，朱世珍夫妇才得以安葬。但由于家贫，葬时却是“殡无棺椁，被体恶裳，浮掩三尺，奠何肴浆！”显然是草草安葬了。

二、皇陵的营建与陵寝制度

皇陵的营建始自元至正二十六年，即韩林儿宋龙凤十二年（1366年）四月。当时，朱元璋虽已自称吴王，独霸一方，拥有很大实力，但还与小明王韩林儿的大宋政权保持着臣属关系。当他来到濠州故乡后，回想起父母安葬时的情景，认为当时的入葬“礼有未备”，打算改葬。可是，这时有人对他说：“改葬，恐泄山川灵气。”朱元璋觉得有理，遂不复启葬，“姑积土厚封，势若冈阜，树以名木，列以石人石兽，以备山陵之制”。

朱元璋御极后，皇陵的营建工程仍在进行。洪武二年（1369年）二月乙亥（十日），朱元璋下诏立皇陵碑，左丞相韩国公李善长奉命实施。丁丑（十二日），根据礼部尚书崔亮“历代诸陵皆有名号，今仁祖陵宜加尊号”的建议，朱元璋定父陵名为英陵。

洪武二年（1369年）五月一日，朱元璋又下令改英陵为皇陵，并置皇陵卫以守之。洪武七年（1374年）六月，立皇陵祠祭署，以汪文为署令、刘英为署丞，其官职世袭。

洪武十一年（1378年）四月，江阴侯吴良奉命督工建造皇陵祭殿。次年闰五月丁巳（二十二日），殿成。朱元璋命名该殿为“皇堂”。至此，皇陵陵制大体完备。明柳瑛《中都志》卷四详细记载了皇陵陵寝建筑规制：

“内皇城一座，周七十五丈五尺。正殿九间，金门五间，东西庑各十一间，左右角门二座，后红门三座，左右角门二座，燎炉一座，碑亭二座，御桥正三座、左右桥二座，金水河一道。

“砖城一座，周六里一百二十八步。四门楼四座（指东、南、西、北四明楼），各五间；红门、东西角门二座；具服殿六间；膳房二间；官厅六间；东西直房各二间，东、西、南三间，外直房各十间；灵星门三座；东西角门二座；角门外东西直房各十间；红桥五座；古渠一道；神厨五间；寝殿五间；膳房五间；左右庑各十间；红门三间；中门五间；西厢房十间；混堂五间；水池二区；门房一间。

“外土城一座，周二十八里。正红门三座；东西角门二座，各三间；官厅二所，各三间；南、西、东门三座，各三间；东西直房三所，各三间；四门下马牌各二座；周围巡铺十三所。”

另据现状调查，皇陵建筑为北向。为附会风水之说，以陵南约10公里外的小岗峦善山为主山（龙脉）。明嘉靖十年（1531年），世宗封该山为翔圣山，该山神与祖陵的基运山、长陵的天寿山山神同祀方泽坛，位列五岳（东岳泰山、西岳华山、南岳衡山、北岳恒山、中岳嵩山）之前。陵北面朝中都城（按《中都志》中所附明万历四十一年万嗣达增补的《皇陵总图》，皇陵北门稍斜向东北，说明中都城虽在皇陵之北，但方向略偏）。陵园墓冢为一平面为长方形（横向）的覆斗形陵台。皇陵石像生位于北明楼与内皇城金门之间，

皇陵神道石虎

于神道左右两侧布列，数量达28对之多（如将马与控马官分别计算，则数达32对）。这在中国古代陵寝制度史上是绝无仅有的，其排列由北而南依序为麒麟2对、狮子8对、望柱2对、马与控马官（每组含一马俩控马官）2对、虎4对、羊4对、品官2对、将军2对、内侍2对。

上述皇陵建筑制度与前代帝陵制度相比较，无论是整体布局，还是陵台形制、石像生的设置，都有明显的唐宋帝陵制度遗意。从陵寝布局形式看，皇陵有内外三道方垣，其中外面的土城和中间的砖城均四面设门，呈轴对称的布局方式。这种做法即源于唐宋帝陵设有重垣并四面各设神门的制度。从陵台形制看，皇陵覆斗形的陵台取法于秦、汉、宋朝帝陵更为显而易见。皇陵的石像生就种类而言，也是在宋陵制度上加以损易的。从现在的宋陵石像生种类看，计有望柱、象与驯象人、瑞禽、角端、马与控马官、虎、羊、蕃使、官员、武士、宫人、门狮等数种。《宋会要辑稿》所记明道二年四月十日太常礼院与司天监所定章献明肃皇后刘氏陵石像生，有宫人、文武臣、羊、虎、马、控马官、望柱、狮子诸物。而皇陵石像生除麒麟系新增外，其余种类均袭自宋陵。

皇陵神道石马与控马官

三、朱元璋亲笔撰写的皇陵碑文

洪武二年（1369年）二月，朱元璋诏立皇陵碑时，曾命翰林侍讲学士危素撰写碑文（碑文内容后载于郎瑛《七修类稿》中），但后来朱元璋又认为“前所建碑，恐儒臣有文饰”，所以，洪武十一年（1378年）四月，他又“亲制文，命江阴侯吴良督工刻之”。现在，这通石碑还立在陵园西侧碑亭遗址处（东侧碑亭遗址内立有无字碑一通）。其形制为螭首龟趺，高7米余，宽2米余。

皇陵碑碑文（局部）

石碑的碑文有如下特点：

一是史料价值珍贵。它以极其细腻的笔触真实地记录了朱元璋青年时期家境的艰辛以及投身农民起义后创建大明王朝的曲折历程。其所述可补《元史》《明史》《明太祖实录》之不足。

二是从文学角度看，皇陵碑的行文亦极有气势。现代著名学者、文学家郑振铎先生在插图本《中国文学史》中做过这样的评价：“《皇陵碑》却是篇皇皇大著，其气魄直足翻倒了一切的记功的夸诞的碑文。他以不文不白，似通非通的韵语，记载着他自己的故事，颇具着浩浩荡荡的威势。”

三是书法极佳。乾隆《凤阳县志·拾遗》有语赞道：“皇陵之碑……不知何人书，端庄劲健，全无馆阁习气，可宝贵也。”

四、陵园被毁经过

皇陵未毁之际，“宫阙殿宇，壮丽森严”，曾是一派肃穆威严的气象。但自明朝末年开始，陵园建筑却在被焚后逐渐败落下来。史书记载，明崇祯八年（1635年）正月十五日那天，天降大雾。农民起义军中的扫地王张一川等诈树旗帜进香，乘明朝守军不备，率军突然攻进凤阳城。明朝的留守署正朱国相，千户陈宏祖、陈其忠等战死阵前。于是，农民起义军乘胜入皇陵焚毁了皇陵享殿。消息传到京师后，崇祯帝又急又恼，他“素服避殿，亲祭告太庙”，并下令斩首了户部尚书兼右佥都御史巡抚江北四府的杨一鹏，巡按御史吴振缨也因此被革职戍边。同年九月，崇祯帝议修皇陵享殿，但因国库空虚，只好自撤膳银15000两，撤各宫膳银10800两，阁臣们也纷纷解囊捐俸资助陵工。此后，皇陵享殿是否复建，文献没有记载。但崇祯十四年（1641年）四月，崇祯帝因孝陵龙脉有百姓开窑、烧凿红石，而凤阳皇陵“龙脉来处间亦有凿开池塘者”，特命成国公朱纯臣、新乐侯刘文炳、礼部尚书林欲楫及浙江提学副使王应华等至孝、皇、祖三陵，“一并严行踏勘”，处理此事。据此我们不妨推想，如果朝廷连龙脉山体都这样重视，那么作为陵寝主要建筑之一的祭殿就更不会不修复了。

皇陵享殿柱础石

但自明亡后，清朝官府不但未对皇陵进行修缮，反而因当地连年饥荒，下令准许百姓随意拆毁皇陵建筑，并以此作为救灾奇策良谋。于是，“上则翻殿瓦，下则移门阈”，昔日辉煌的皇陵建筑群数年之间即被拆成一片废墟。所以，几百年后的今天，人们只能欣赏到皇陵的石像生、覆斗形陵台和祭殿的柱础石了。

孝陵

明太祖朱元璋之陵

孝陵，位于江苏省南京市中山门外钟山（又名紫金山，嘉靖十年封为神烈山）之阳独龙阜玩珠峰下，是明朝开国皇帝太祖朱元璋和皇后马氏的陵墓，也是明朝依帝制营建的第二座陵园。

一、明太祖朱元璋——明朝的开国皇帝

明太祖朱元璋是明朝的开国皇帝，中国历史上少有的出身于贫苦农民家庭的皇帝之一。他于元文宗天历元年（1328 年）九月十八日未时生于濠州钟离东乡（今安徽省嘉山县治明光镇赵府村）的一座破旧的二郎庙中。初名重八，长大后起名兴宗，后改名为元璋，字国瑞。

他于元至正十二年（1352 年）闰三月初一参加定远人郭子兴领导的红巾军。他有勇有谋，战

明太祖朱元璋画像

马皇后画像

功卓著，逐步成为这支义军的主帅。此后，他率兵攻占集庆（今南京），改集庆路为应天府，被红巾军的总首领小明王授为枢密院同佥，不久升授江南等处行中书省平章。朱元璋以应天为根据地，采纳徽州老儒朱升“高筑墙，广积粮，缓称王”的建议，在发展生产，积蓄力量的同时，不断向四面扩展，先后剪灭了占据两湖、江西、皖南等地的汉王陈友谅，占据淮水下游、江苏东部、浙江东部的吴王张士诚，据有浙江沿海的方国珍和盘踞在福建一带的元朝平章陈友定。接着又派徐达为征虏大将军北伐中原。

在此期间，朱元璋曾于元至正二十四年（1364 年）正月自立为吴王。至正二十六年（1366 年）十二月，他派人“迎接”小明王，于途中将小明王沉于江底。至正二十八年（1368 年）正月，朱元璋在应天称帝，定国号大明，建元洪武。

朱元璋称帝后，继续完成了王朝的统一大业。两广、四川、云南、辽东先后平定，元顺帝则在大都（今北京）城破后被驱赶到元上都（今内蒙古多伦）。

朱元璋为使大明王朝长治久安，对历史上的成败治乱经验教训进行总结，形成了一套行之有效的治国方略。

在国家机构的设置上，他废除中书省制度，罢设丞相，提高吏、户、礼、兵、刑、工六部地位，并实行承宣布政使司、提刑按察使司、都指挥使司三司分治地方的方式，使国家权力牢牢地控制在皇帝手中。在军队编制和建设方面，朱元璋采纳刘基的建议，创立了卫所制，并设前、中、后、左、右五军都督府掌管军籍和军政。遇有战事，则由兵部奉旨颁发调兵令，委派军事统帅。朱元璋的这些措施有效地防止了地方与朝廷分庭抗礼及将帅拥兵造反等情况的发生，使皇帝牢牢地控制了全国的军政大权。

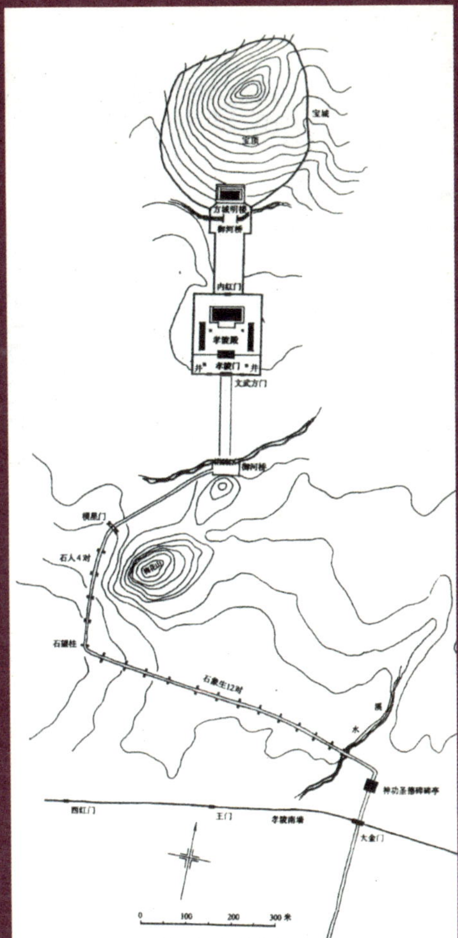

孝陵平面示意图

朱元璋对明初社会经济的恢复和发展也作出了重要贡献。明朝初建，战争的破坏使土地荒芜，人口凋零。为迅速医治战争给社会留下的创伤，朱元璋采取了奖励垦荒和实行屯田的政策。同时，他还提倡节俭，严惩贪官污吏。他的这些做法对巩固明初的政权和推动生产力的发展起到了积极作用。

但是，朱元璋毕竟是个封建帝王，因此他又有残忍凶狠的一面。他曾大肆杀戮功臣，数兴文字狱，使不少无辜之臣蒙受了不白之冤。甚至连给他生过皇子的妃嫔们稍有不是，也会引来杀身之祸。如，郭宁妃和唐王之母李贤妃、伊王之母葛丽妃均被朱元璋盛怒之下处死，且用一个大筐装了埋在南京太平门外。等到朱元璋气消，想用棺木埋葬时，三妃尸体已经腐烂不能分辨。又如，楚王

孝陵禁约碑

之母胡妃，因被怀疑堕胎而处死。朱元璋竟残忍地下令投尸于城外。楚王来朝，求尸不得，只找到一条练带。他悲痛万分，只得以练带回封国下葬。

朱元璋在位31年，于洪武三十一年（1398年）闰五月十日去世，谥高皇帝，庙号太祖。辛卯（十六日）葬孝陵。永乐元年（1403年）谥神圣文武钦明启运俊德成功统天大孝高皇帝。嘉靖十七年（1538年）改谥为开天行道肇纪立极大圣至神仁文义武俊德成功高皇帝。与朱元璋一起入葬孝陵的还有殉葬妃嫔38人。

朱元璋的皇后是郭子兴的义女马氏。她生于元至顺三年（1332年），洪武十五年（1382年）八月去世，谥孝慈皇后。同年九月先于朱元璋入葬孝陵。

二、孝陵的卜选与营建

孝陵的卜选约在洪武初年。当时，人们看到南京城东面的钟山“上有云气，浮浮冉冉，红紫间之”，便都说那里有“王气”，是真龙天子的藏身之处。朱元璋得知后，便率领诚意伯刘基、魏国公徐达、信国公汤和三位开国功臣到钟山寻找修建陵墓的开穴地点。朱元璋让三人分别将地点写在一个纸条上，藏在袖中，待三人合在一处，发现选的都是同一地方，那就是孝陵现在这块地方，于是朱元璋将陵地确定在了那里。

这三位功臣中，诚意伯刘基不仅是朱元璋最得力的谋臣，还精通风水术。曾经写过《析髓经》《堪舆漫兴》等风水著作，在明朝初年很有影响。君臣四人所选孝陵陵址也的确是一处风水吉地。陵后的钟山，又名紫金山，由三峰组成。主峰居中，称北高峰，海拔448米，东峰称小茅山，西峰称天堡山，形成了“个字落脉”的玄武之象，而主峰前的玩珠峰独龙阜，又构成了陵寝的父母山及结穴山。陵园左有岗阜为龙砂，右有岗阜为虎砂，前有梅花山为近案，江宁境内的东山作远朝，又构成了刘基《析髓经》中所讲的“龙虎左右弯环抱，前宾后主皆相照”的吉壤意向。

孝陵的动工兴建始自洪武十四年（1381 年）。那年九月，位处孝陵陵址之上的太平兴国禅寺因将建孝陵已迁至独龙冈之左，并被赐名为“灵谷寺”。据说在开挖孝陵地宫时，挖到了梁武帝时宝志禅师的墓塔。奇怪的是，历经 800 余年之后，宝志禅师竟然“真身不坏，指爪绕身数匝”。军士想抬他起来却抬不动。朱元璋只好亲自给他行礼，并许以金棺银椁、庄田 360 亩以奉香火，才把他抬到灵谷寺葬入塔内。另外，孝陵陵前的梅花山，旧名孙陵岗，是三国时吴帝孙权的墓葬所在地。有司请示迁走，朱元璋说“孙权亦是好汉子，留他守门”，才没有迁走。

孝陵的地宫大约是在次年建成的。那年八月，皇后马氏病故，九月葬入孝陵，奉命营建陵寝的中军都督府佥事李新因此被封为崇山侯。此后陵寝工程继续进行。洪武十六年（1383 年）五月，孝陵殿落成。永乐元年（1403 年）三月，修孝陵神厨、神库及墙垣。永乐九年（1411 年）正月，按大祀坛南天门之制建孝陵陵门。永乐十一年（1413 年），建孝陵神功圣德碑及碑亭。至此，孝陵工程基本告竣。

孝陵神烈山碑

在筹建孝陵神功圣德碑的过程中，曾发生过两件比较奇异的事。

一是喜获龙潭“神龟”。据永乐皇帝的谋臣姚广孝所写的《孝陵神龟颂》载：永乐二年（1404 年），永乐皇帝朱棣“思念太祖神功圣德，夙夜靡宁，欲立碑孝陵，而未得其石。乃召石工四出寻采，而不有获。一日，工至龙潭，俄遇一石，长阔数丈，镢土深三丈，未见其根。偶于石罅中得一石龟，仅盈尺，隆脊而昂首，蟠尾而藏足，其灵光烨烨射人。工获之而进焉。上大悦，择日于奉天门赐文武群臣观看，群臣莫不忻忻称贺”。这块石龟，后来

阳山碑材

藏于孝陵殿中。殿内设有一朱红案，案左置一红匣，贮龟匣内。龟长仅尺余，昂首，其实不过身形略似而已，并不像大臣们所称赞的“形体之似，宛若生成；九畴参错，有自然之文”那样。右边则以一空匣配之。

二是曾开采到巨大的“阳山碑材”。明人胡广《游阳山记》载：永乐三年（1405 年）秋，永乐皇帝朱棣因建孝陵神功圣德碑，采石于都城东北之阳山。其间得到一块巨大的碑材石料。该碑材“长十四丈有奇，阔不及长者三之二，厚一丈二尺。色黝泽如漆，无疵瑕”（今人实测长 45 米，宽 11.5 米，厚 4 米）。永乐皇帝命翰林学士解缙、侍讲金幼孜及胡广往观，“三人相视惊叹，以为天生此石以有待也”。另外，还得到一方巨大的碑座和一方碑额用材。这巨大的碑材，古今罕见，但凿成后却因无法运至孝陵而至今遗留在阳山。

三、陵寝建筑规制

孝陵的陵寝制度可谓独树一帜。它在继承明皇陵并宋陵上下宫为一的制度基础上又进行了划时代的、突破性的变革。

首先，其神道建筑走向随地势弯曲设置，一反前代帝陵（含明皇陵）笔直

排列的布局形式，且纵深2公里，长度也超过了前代历朝帝陵的神道。神道石像生种类的设置，也有自己的特点。它既有前代帝陵曾设置过的狮、麒麟、象、马，还有前代帝陵未曾设置过而见于风水术书《大汉原陵秘葬经》（约成书于宋朝）的骆驼。

孝陵大金门

其次，其陵宫建筑布局一反皇陵乃至秦、汉、唐、宋历朝的覆斗形陵台（又称方上）和陵垣四面对称设置“神门”（或陵门）的做法，而代之以“前方后圆”（前方，即三进前后

孝陵神功圣德碑亭

相接的院落。院内以陵殿为主布置配殿、殿门等相应建筑。后圆，系指方院后与之相连的平面呈圆形的宝城。城内为墓冢，为一呈馒首形的圆丘。宝城的入口设于前部，置有城台、明楼）的崭新的陵寝布局方式。其中，皇陵最外面的一道土城，至孝陵则演变成了沿山设置，走势灵活，随地势设有大金门、王门、西红门、后红门和东西黑门的长达45华里的陵区外廓墙垣；皇陵的砖城则演进为孝陵的平面呈圆形，只有南面一个方向设置城台、明楼的宝城墙；皇陵的皇城又演变成孝陵宝城前的三进方形院落。

孝陵陵寝建筑的详细情况，民国年间王焕镳《明孝陵志·规制第二》记载如下：

孝陵神道石骆驼

“陵前下马坊，有神烈山碑亭，亭左有卧碑，刻崇祯时禁约。又西数百步有大金门三道，门西为王门，又西为西红门。大金门内为神功圣德碑，有碑亭。碑北为神道，有大石桥……桥以北有石兽六种：首为狮子，次獬豸，次橐驼，次象，次麒麟，次马。每种有四，皆两立两蹲，东西相向。森然若卤簿焉。石

望柱二，白如玉，雕镂云龙文。石人凡八，高可四五丈。四将军，介胄执金吾；四文臣，朝冠秉笏，若祗肃而候灵辂者。神道尽，为棂星门三道。又北有石桥五，并五空桥。……越百步，有文武方门五（即陵寝之第一门），三大而二小。东西二井。又北大殿中门，左右方门亦五（即陵寝之重门）。门内神帛炉，左右各一；左右庑三十。门外御厨二。其左为宰牲亭，右曰具服殿，皇帝所驻以具服者也。中为孝陵享殿，有金榜曰‘孝陵殿’，凡十一楹（实际当为九间）。……殿北，门三道，缭以周垣。又北大石桥一，五空。逾桥为宝城，中为甬道，拾级而登，分左右折历阶上，南折为明楼，据宝城城闉上。北折为崇丘，周遭完固，梓宫实葬其中。封之，崇三四丈。棂星门之东有小山……又有

孝陵神道石望柱局部

孝陵神道石将军

虎山在宝城西南，迤逶而西北为后红门。沿山周围缭垣45里，王门、西红门、后红门、东西黑门、神宫监、孝陵卫环之。陵有松十万株，鹿千头。”

孝陵的陵寝制度为什么会形成如此有别于皇陵乃至以前历代帝陵制度的独具风格的特殊模式呢?这一点古代文献没有留下记载。但考之古代文

献及古代帝陵的形制，其原因当与孝陵的卜选采用的是盛行于元明之际的形势宗风水术有关。

孝陵神道石象

形势宗风水术起源于江西，其创始人是唐朝时的杨筠松。这一派风水术要求葬地前后左右都有山脉环绕，前面和左右两侧还要有河流经过，开穴地点须选在“形止脉尽”处。什么是“形止脉尽”处呢？按照晋人郭璞《葬书》所说，就是所葬之地应在葬处背后山脉脉形消止之处，即“善葬者，必原其起以观势，乘其止以扦穴。凡言止者……乘其脉之尽处为止”。也就是葬处应在葬地后面山脉前端的山麓之间。古人概括其为“垄葬其麓”。正是由于孝陵玄宫的位置按照当时流行的形势宗风水术选在了钟山的山脉尽处，亦即山脚下，而不是远离山体的开阔平原上，所以才导致了该陵陵制在皇陵制度的基础上又有了前所未有的大刀阔斧的变革。由于玄宫之后紧贴钟山，左右又有护砂抱卫，地势所限，于是有了平面为圆形，前设一座明楼的宝城，城内的墓冢也因之取馒首自然隆起之形。因为，如果孝陵仍继续沿用皇陵砖城平面为方形，且四面各置明楼的形式，则不仅砖城的平面分布与其左右“八”字形的界水和砂山走向不相和谐，而且因陵后为高山、左右为水流，其后、左、右三面明楼及城台的设置也毫无意义，而孝陵圆形的宝城则妥善地解决了与自然地貌的关系问题。前面城台明楼之设则起到了

孝陵下马坊

孝陵城台明楼

沟通宝城与前面殿宇的联系问题。另外，孝陵宝城左、右、后三面邻山的地理环境又是宝城前纵深布列院落、安排殿宇的直接原因。而陵区四面环山、兆域内明堂广大的地理特点又使神道长远深邃。孝陵这一崭新的山陵制度有力地烘托出了帝陵的雄伟高大形象，因而为而后诸陵继续沿用，并奠定了明清两代“山陵”的基本制度。

四、孝陵的历史遗存

明孝陵在清朝初年时保存尚好，这是因为当时的陵园管理虽不及明代严格，但朝廷对陵园的保护仍较重视。清乾隆年间陈奉兹作《孝陵》诗，说当时的孝陵“古殿长松尚郁然”。与陈同时期的王友亮也有“仍遣中珰趋享殿，不教牧竖践明楼”的诗句。至咸丰年间，清军攻打太平军时，孝陵受到严重破坏。享殿等建筑成为一片废墟，直到清朝末年，才在原享殿的台基上修建了一座三开间的殿宇。现在，神道下马坊（石雕牌坊，刻有“诸司官员下马”六字）、神烈山石碑、崇祯十四年（1641 年）五月所立“禁约碑”、大金门、孝陵神功圣德碑亭（顶部已不存，内有神功圣德碑，上刻成祖撰写的碑文）、石像生犹在，但灵星门则只剩石构件位于原处。陵宫建筑中，宝城、墓冢、城台、陵宫围墙以及石桥仍是旧时制度，其他建筑则或因残而改制，或仅存遗址，情况不一。其中，陵门（陵宫第一道门，又称文武方门）只有中间一洞保存，上有清朝湘军悍将曾国荃（曾国藩之弟）所书“明孝陵”三字石刻匾额。孝陵殿门（陵宫第二道门）清朝时改建为御碑亭。内有石碑，刻康熙皇帝南巡时所书“治隆唐宋”四个大字。碑的两侧立有乾隆皇帝的题诗碑。孝陵殿的台基上同治年间建了一座小殿，现在其内布置有孝陵的历史展览。殿前左右配殿的基址均为土所埋。1999 年 3 月到 2000 年 2 月，南京市文物研究所在中山陵管理局文物处的配合下，对左配殿遗址进行了发掘和清理，发现了该殿的台基。其面宽为 66.84 米，进深 7.3 米，十五开间。进深方向有前后檐柱和前后金柱的柱础石或柱础坑。此外，还清理了神帛炉、神厨和宰牲亭的基址，神帛炉位于配殿前约 18 米处，炉基尚存，为石雕，其下有青砖砌成的基础，面宽为 2.95 米，进深 2.22 米。神厨位于陵宫第一进院落内左侧，其台基面宽为 27.5 米，进深 11.3 米，五开间，有明显的火烧痕迹。宰牲亭与神厨同处一院，位于其前方左侧，亭址平面作六边形，每边长为 3.8 米，有内外两

孝陵门内清康熙帝御题“治隆唐宋”石碑

孝陵明楼券门

孝陵殿

懿文太子陵遗址

孝陵殿台基一角

重柱础。陵宫后部的宝城，城台较好，但其上明楼顶部已全部毁坏，仅存四壁。现在南京市中山陵管理局已成立孝陵博物馆，对孝陵的建筑遗址、遗物进行清理保护和研究。

另外，孝陵东侧还有懿文太子朱标之陵，称为“东陵”。朱标系朱元璋长子，建文帝朱允炆之父。洪武二十五年（1392 年）四月病故，年 38 岁。朱元璋给他的谥号是“懿文”。由于朱标是以皇太子身份入葬的，所以其陵园建筑比较简单。清初诗人屈大均记其陵园规制不过“有门、殿各一重……黄土一丘”而已。1999 年 3 月到 2000 年 2 月，南京市文物研究所主持的考古发掘也证实懿文太子陵规模比较小。虽然它在布局上与孝陵有相似之处，“由陵园、陵寝大门、享殿前门、享殿以及玄宫埋藏区等建筑要素构成，各组主要建筑在一条南北轴线上前后分布”，但该陵殿门仅三间，享殿仅五间，而所发现的琉璃勾头又有黄绿两色。这说明，虽然建文帝朱允炆御极后于建文元年二月追尊其父为兴宗孝康皇帝，在成祖朱棣取消朱标帝号 200 余年后，崇祯皇帝朱由检又采纳礼部尚书顾锡畴言光复朱标帝号，但其陵寝建筑却始终未按帝陵规制加以改建（帝陵建筑不应采用黄绿两色的瓦件）。

中篇

明十三陵

明十三陵位于北京市昌平区北部天寿山麓，是明朝迁都北京后，除景泰帝之外其余13位皇帝陵墓的总称。陵区占地约80平方公里，四面环山，中间一带平原，水流交错，林木葱郁。13座帝陵各倚一山布列于北、东、西三面的山麓间。其中，明成祖朱棣的长陵位于天寿山主峰之前，前面有长达7公里且随地势弯环曲折达于陵区之南的总神道。神道上布列着碑亭、石像生等一系列墓仪设施。其余各陵分布于长陵两侧，构成了一幅壮美的图画，被旅游界专家考定为世界上埋葬皇帝最多、保存最为完整的帝王墓葬群。

永陵明楼

长陵明楼

明十三陵全景图

长陵

明成祖朱棣之陵

长陵位于天寿山主峰南麓，是明朝第三位皇帝成祖朱棣和皇后徐氏的合葬陵墓。在十三陵中建筑规模最大，营建时间最早，地面建筑也保存得最为完好。它是十三陵中的祖陵，也是陵区内最主要的旅游景点之一。

一、明成祖朱棣——雄才大略的封建帝王

明成祖朱棣是明太祖朱元璋的第四个儿子，生于元至正二十年（1360 年）四月十七日。明洪武三年（1370 年）四月七日封燕王，十三年三月十一日，就藩北平。建文四年（1402 年）六月十七日即皇帝位，次年改元永乐。永乐二十二年（1424 年）七月征漠北，十八日病逝于榆木川，谥体天弘道高明广运圣武神功纯仁至孝文皇帝，庙号太宗。十二月十九日葬长陵。嘉靖十七年（1538 年）九月改谥为启天弘道高明肇运圣武神功纯仁至孝文皇帝，庙号成祖。朱棣在明代是个颇有作为的皇帝。文献记载，他“貌奇

伟，美髭髯，智勇有大略”。早在当燕王时，就曾屡率诸将出征，并节制沿边士马。

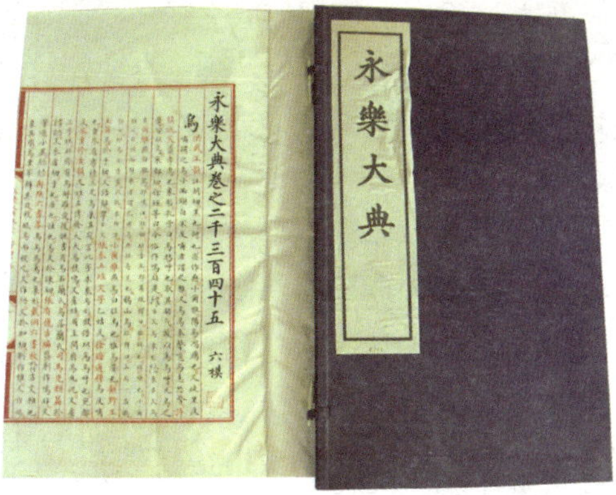

《永乐大典》

洪武三十一年（1398 年）闰五月，太祖朱元璋去世，因太子朱标早逝，皇太孙朱允炆继承皇位，是为建文帝。朱元璋在世时，为了监视各地的将官，把军政大权牢牢地掌握在自己手中，曾先后三次封建诸子，把 23 个亲儿子分封为亲王，驻全国各战略要地，并赋予了极大的军事指挥权。这些亲王在太祖死后，自恃尊属，多拥重兵不法，尤其不把年轻的侄皇帝放在眼里。为此，建文帝采纳兵部尚书齐泰、太常寺卿黄子澄的意见，采取了“削藩”措施。从洪武三十一年（1398 年）八月到建文

长陵全景

明人绘《入跸图》中的北京皇宫

元年（1399年）六月，建文帝先后削除了周、湘、齐、代、岷五个亲王的爵位。朱棣见削藩就要轮到自己头上，就一面称病，一面在北平招募武士，训练军马，准备起事。后来，燕山百户倪谅告发了朱棣的阴谋。建文帝下令削夺燕王爵位，拘捕燕王府所有官员。北平布政使张昺和都指挥使谢贵出动了驻扎在北平的所有军队将燕王府团团围住。朱棣用诈降的计谋把张、谢二人骗进王府杀死，遂率800守卫亲军杀出王府大门，以闪电战的方式迅速攻克九门，占领了北平城。并上书建文帝，说齐泰、黄子澄都是奸臣，他要遵照朱元璋所定的《祖训》中“朝无正臣，内有奸道，必举兵诛讨，以清君侧”的话，为朝廷铲除奸臣。又自称其师为“靖难”，意思是为皇帝解除危难。经过四年的激战，朱棣打败了建文帝，攻克了当时的都城南京。当朱棣率兵进城时，皇宫起火，建文帝不知所终。有人说他在宫中与后妃自焚身死，也有人说他从地道跑出，出家当了和尚，远游滇、黔、巴、蜀，至今仍是明史的一桩疑案。燕王朱棣在群臣的拥戴下，登上了皇帝宝座。第二年，改元永乐。朱棣即位后，为了避免藩王为争夺皇位而发动战乱，继续采取削藩措施。先后把封在北方的诸王迁徙南方，并解除诸王军权，使军政大权完全归于皇帝。永乐十九年（1421年）他毅然将京师由南京迁至北京，使北京成为全国政治、经济、文化的中心，同时也使明王朝北部边塞的军事防御力量得到了有力的加强。

他还先后五次率兵出塞，亲征漠北，打击蒙古贵族的侵扰活动，使长城以内环境安定，百姓安居乐业。

在他统治时期，国家的经济、文化、外交等方面均取得了一定成绩。在经济方面，他继续贯彻洪武以来奖励农桑的政策，多次从南方移民到北方，开垦荒地，对战争中破坏较为严重的地方还发给部分耕牛和农具，使生产迅速发展，出现了国库充实的繁荣局面。在文化事业方面，他先后在永乐元年（1403年）和永乐二年（1404年），委派翰林学士解缙和姚广孝等人编辑了《永乐大典》一书。该书汇编了大量文献资料，是我国历史上卷帙最为浩繁，内容最为广博的综合性大类书之一。

在发展对外交往和贸易上，他在永乐初年派遣“三保太监”郑和率领庞大的船队，满载金银绸缎和瓷器等珍贵货物远航西洋各国，换取海外奇珍，发展了中国与西洋各国人民的友好关系，也提高了明王朝在世界的声望。

仁孝文皇后徐氏画像

与朱棣同葬长陵地宫皇堂内的还有他的皇后——仁孝文皇后徐氏。她是明朝开国元勋魏国公徐达的女儿，洪武九年（1376年）册封为燕王妃，朱棣称帝后册封为皇后。永乐五年（1407年）七月四日去世，享年46岁，谥仁孝慈懿诚明庄献配天齐圣文皇后。永乐十一年（1413年）二月，长陵玄宫落成，葬入陵园。此外，明成祖入葬长陵时还有16位殉葬妃子葬入陵园。据朝鲜《李朝实录·世宗庄宪大王实录》记载，殉葬的时候，妃子们先被送到一个庭院内赴宴。宴毕，引进殿堂。殿堂内事先放好一个个小木床，殿梁上系好绳套。妃子们进入殿内，自知死期已到，“哭声震殿阁”，但迫于圣旨，只好一个个登上木床，把头伸进绳套。太监们去掉木床后，便一个个被活活吊死。妃子们进殿之前，嗣皇帝仁宗朱高炽还曾假惺惺地与她们辞诀。有个姓韩的朝鲜妃子哭着对仁宗说：我母（乳母）年老，希望能送她回本国去。仁宗连连应允。韩氏把头伸进绳套后，对她的乳母金黑说：“娘，吾去！娘，吾去……”话没说完，旁边的太监已将木床撤去。韩氏的乳母金黑，仁宗本已答应送回朝鲜，但由于成祖在位时，皇宫内曾发生过一起称为“鱼、吕之乱”的事件，为了不使事件的真相传到朝鲜，于是封金黑为恭人，不遣回国。直到宣德十年（1435年）四月，金黑等53名朝鲜女婢才被放回本国，妃嫔殉葬的惨状也因此而被朝鲜的官方文献记录下来。

二、长陵的卜选

长陵所在地旧名康家庄楼子营，四面青山环抱，林木葱郁。北面天寿山主峰三峰并峙，中峰海拔750余米，是陵域最高的山峰。山前河水潆洄，川原开阔。山后群山崔巍，层峦叠嶂，遥接太行。雄伟的长陵就营建在天寿山中峰之前一座阜丘下。陵园坐北朝南，逶迤的蟒山盘绕其左，峻拔的虎峪山雄踞其右。陵前有山间水流屈曲抱身流过，再前又有宝山和昌平城后山等遥相对应。陵区之外还有马兰峪、西山东西罗列，如“万骑簇拥”“千官侍从”，分布陵区左右。这磅礴的地理环境正是风水术士们极力赞美的“山川大聚”的帝陵形胜。是谁为成祖卜选的这块风水宝地？历史上传说很多，有人说是铁冠道人，有人说是姚广孝，还有人说是刘伯温。

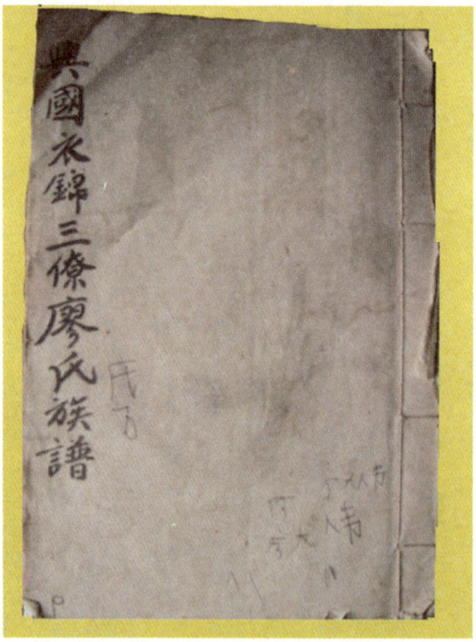

《兴国衣锦三僚廖氏族谱》

其实，根据历史文献资料的记载，参

与长陵卜选的是礼部尚书赵羾以及如下一些风水术士：来自民间的廖均卿、钦天监阴阳训术曾从政、知县王侃、给事中马文素、钦天监阴阳人刘玉渊、僧人吴永（又称“非幻和尚”，为明衢州府宝陀庵住持僧）以及游朝宗、王贤等人。其中，廖均卿在长陵卜选中所起的作用最大。

廖均卿是江西赣州府人。据其五子廖信厚所撰《均卿太翁钦奉行取扦卜皇陵及行程回奏实录》记载，徐皇后死后，明成祖命礼部尚书赵羾选取精通风水

天寿山风水形势图

地理的人选择陵地。他通过查阅书籍得知，唐朝时的杨筠松、廖瑀、曾文辿“精通地理，有仙道之机”，都是江西人。遂行文至江西各府、州、县，找到了家居江西赣州府兴国县三僚村的廖氏后裔廖均卿。

廖均卿画像

廖均卿于永乐五年（1407 年）十二月奉命赴北京卜选陵地，开始到过京西燕台驿、玉泉山等地。永乐六年（1408 年）第二次赴北京时，于该年六月来到了北京昌平黄土山。他登上山顶，四面察看，见该地风水绝妙，遂绘制好山图，于八月一日将山图献给成祖，并上《朝献山图表》一道。表章对黄土山风水大加赞美：“臣受杨师秘传术，谬参造化玄机。兹奉我皇圣旨，卜取御陵，臣与礼部尚书赵羾相视营陵，敢不披肝吐胆以尽忠言！详察各处山川，堪建陵基者，惟昌平州东黄土山一十八道岭峰美丽，真堪陵室根基。其脉天皇出势，天市降形，贪狼木火以为宗，势若鸾翔而起主，太乙双降屹立于斗牛之间，天乙呈祥奋迅于奎娄之位。三台华盖，拱帝座以弥高，四辅紫微，面坎宫而作极。东黄土景堂堂乎三阳开泰，十八岭峰巍巍乎四势呈祥。形肖铜锣，穴居中央。礼部尚书赵羾相六秀皆足、八贵堪评。天门山拱震垣，地户水流囚谢。凤阁龙楼，卓列罗城。捍门华表，镇塞星河。山如万马奔趋，水似黄龙踊跃。内有圣人登殿之水，世产明君；外有公侯拜舞之山，永来朝贡。四维趋伏，八极森罗。青龙奇特，白虎恭降。太微天马尊于银潢之南，少府紫微起于天河之北。维皇作极，俾世其昌。发龙气旺，帝业最胜。山河巩固，地势宽平。艮亥脉作癸山丁向，卦例相合，五星聚会，主大臣股肱协力。木火得局，玉叶庆衍藩昌，悉合仙经，宜任陵室。”

廖均卿还建议明成祖亲临其地察看，“高张慧目，广迈皇风”。在成祖亲临之前，廖均卿于永乐七年（1409 年）正月冒着雪深风寒的恶劣天气，第二次去黄土山察看。此后又随成祖四赴黄土山，并先后赴京西潭柘寺、香山以及京北怀柔的洪罗山、昌平的阳山茶湖岭等地继续查找吉地，以供成祖选取。廖均卿第三次同明成祖察看黄土山时是永乐七年五月八日。在这之前，成祖曾让风水术士们各献穴法。廖均卿奏称：“臣观黄土山，势如鸾凤之奔腾，穴似金盘之菏叶，水绕云从，位极至尊。经云：‘仰掌金盘荷叶中，谁知波浪有仙踪。’形

1. 宰牲亭　2. 具服殿　3. 陵门　4. 碑亭　5. 神厨　6. 神库　7. 祾恩门　8. 祾恩殿
9. 左配殿　10. 右配殿　11. 神帛炉　12. 明楼　13. 宝山　14. 宝山城

长陵复原鸟瞰图

似铜锣。臣冒奏：必扦响处始为工。盖响中之穴，以其声鸣于天下。”成祖对廖均卿的奏言十分赞同。到了点穴这天，明成祖下诏封黄土山为天寿山，并赐廖均卿金剑一把、银锄一张，点定了陵穴。

但是永乐八年正月时，陵地发生了意外情况。有人向成祖报告：“廖均卿戏弄朝廷，掘伤地脉，涌泉不止。”在传统的风水术中陵寝开穴，挖出泉水主“凶”，所以廖均卿冒死辩解：“黄土山其穴，洪水滚滚，乃真龙之聚处，穴法无偏。圣主帝星銮驾到山，涌泉即止。”事有凑巧，廖均卿随明成祖至天寿山后，经他对山大喝一阵，并将罗经下地一照，泉水果然止住。接着，按照他的指点，在下挖金井三尺时，又挖出石盆一个、石鲤鱼一对。后来，在修建长陵地宫时，将石盆盖在了金井之下。可以想见，廖均卿在数次去黄土山过程中肯定是做了一些手脚，不然事情不会那么巧。

但成祖对廖均卿却非常佩服，他对大家说：“均卿非凡间子，诚有仙风道骨，喝山皆应，呼水即止，真朕之奇遇也。”下令授廖均卿钦天监五官灵台郎

石牌坊

大红门

(博士品)。但廖均卿不想做官，他以年迈、上有老母在堂、下有五子未婚为由，请求恩准回家。成祖挽留，许以赏赐金银、升授官职，仍不为所动。成祖只好同意。为了表示怀念，特送扇子一把，并御赐诗云：

江西一老叟 腹内藏星斗。
断下金石鲤，果中神仙口。
赐官官不要，赐金金不受。
赐尔一清风，任卿天下走。

廖均卿临行，成祖又赐诗一首：

忆昔当年杨救贫，此仙之后有谁人？
出去寻龙一身雨，回来跨鹤两袖云。
地理图中观地理，天文机中会天文。
一杯饯别顺天府，同昌山河乐太平。

成祖赠完诗，告诉他："卿荣旋归家，可架造一敕书阁。匾云：'诰敕褒荣'。"但廖均卿才到通州，又被成祖派人追回，赐四品职衔供养在钦天监衙门，直到永乐十一年（1413年）五月病故，才被恩准由其第五子廖信厚护送回乡安葬。廖均卿去世后，成祖非常想念他，命画师为他画遗像。因为画得不像，先后有四人被杀，只有一位蒋姓画师画得宛如活人。成祖一见，不觉泪下，下诏将其中一幅送回廖家。

三、长陵的营建与陵寝建筑

长陵的营建始自永乐七年（1409 年）五月八日廖均卿定穴那天。那天，成祖派遣武安侯郑亨祭告兴工，武义伯王通率军民工匠动工营建。

下马碑

在陵园的营建过程中，成祖曾于永乐八年（1410 年）九月驾幸天寿山，亲自察看山陵的修建情况，其后又多次对陵园的建设和工匠等情况给予关注。永乐十一年正月，工程浩大的玄宫建成，皇后徐氏的棺椁从南京宫殿运来正式安葬，并命陵名为“长陵”。永乐十四年三月一日，长陵祾恩殿建成，赵王朱高燧奉命将徐皇后的神位安奉殿内。宣德二年（1427 年）三月，陵园殿宇工程大体告竣。前后用了近 18 年的时间陵宫的主体建筑才基本告成。此后，正统初年（1436 年）又陆续修建陵园神道墓仪设施，嘉靖年间又增建了神道大石牌楼（石牌坊）及陵宫内的龙趺碑亭。至此，长陵的营建跨时已长达 130 余年，可谓是旷日持久。

长陵的陵寝建筑和朱元璋孝陵一样，也由神道前导建筑和陵宫建筑两部分组成。

长陵的神道总长约 7.3 公里，明朝时由南而北（北达于陵门）依次建有石牌坊、三空石桥、大红门、长陵神功圣德碑亭、石像生、龙凤门、南五空桥、七空桥、北五空桥等一系列神道墓仪设施及桥涵建筑。现除三空桥、七空桥已残坏外，其余建筑均保存较好。

石牌坊，位于神道的最南端。建于嘉靖十九年（1540年），形制为五间六柱十一楼，是目前所见我国营建时间最早和建筑等级最高的大型仿木结构石牌楼。因此坊系明世宗朱厚熜为旌表祖先的丰功伟绩而建造的功德牌坊，故明朝时谒陵官员到此都要下舆改乘马前行，以示对祖先的尊崇。这座牌坊不仅雕琢精美，而且位置经营合理。其北，牌坊的中门门洞正对天寿山的主峰，其东西两侧又有龙虎二山的余脉左右蜿蜒映衬，形成了极佳的景观效果。然而，此牌坊设置的初意却完全是出于风水上的考虑。清初学者梁份在《帝陵图说》中曾做这样解释：“天寿山势层叠环抱，其第一重东西龙砂欲连未连，坊建其中以联络之，以青乌家言，非直壮美也。”

石牌坊北1.25公里处为陵区的总门户——大红门。此门坐落在陵区的南面龙山和虎山之间的一个高岗地上。其制为单檐庑殿顶，黄琉璃瓦，下辟券门三洞。根据文献的记载，这三个

长陵神功圣德碑亭

长陵神功圣德碑

券门各有不同功用：中门为帝后梓宫（棺椁）、神御物等经由之门，左门（东门）为皇帝谒陵所经之门，右门（西门）则为大臣们谒陵时进入陵区所经之门。这是明孝陵及天寿山陵区共同奉行的礼制规定，它体现了我国古代“居中而尊”以及“尚左”的礼制观念。大红门的两侧，明朝时曾设有红墙随岗地的坡度分三次递减高度，并与龙虎二山连成一体。红墙之下设有左右掖门以通人行。在我国的封建社会，帝王的尊严至高无上，陵区被视为神圣的禁地，不仅老百姓不能随便出入，即使是朝廷命官到此谒陵，也要下马步入陵区。故门前左右至今矗立着明代的“下马碑”。两碑正反两面刻“官员人等至此下马”八字。明人张循占有诗写道：“华表双标白玉栏，红门下马驻银鞍。朝霞照耀青袍色，翠滴松楸碧殿寒。”正是昔日陵区神圣威严的真实写照。

华表

华表基座局部雕刻

大红门内，路东是“拂尘殿”遗址。《历代陵寝备考》记载，这组建筑有正寝二殿，围房60余间，是帝、后、诸妃谒陵时的更衣之所。围房四周栽有500余棵槐树。

长陵神道石狮

大红门北约0.6公里的地方，有一座重檐歇山顶的碑亭，这就是长陵的神功圣德碑亭。此亭平面为正方形，台基边宽23.1米，亭高25.14米，四面各辟券门。明朝时，碑亭的上顶也是木质梁架结构。乾隆五十年(1785年)清廷修缮明十三陵时，督理此项工程的协办大学士吏部尚书刘墉、工部尚书金简等人鉴于该碑亭“已坍塌不堪，仅有墙基”的情况，初拟“将所存墙框拆去，周围砌石栏”。后来他们发现永、定二陵明楼为石券顶 (实际为砖券顶，其勘查情况有误)，“至今并未倾圮”，遂决定将此碑亭的顶部亦改为石券顶结构，以便持久。现亭内乾隆年间所构石券顶保存完好，的确对碑亭的持久延续起到了良好作用。碑亭之内树有长陵神功圣德碑。碑为白石雕成，通高7.91米。碑首有6条高浮雕首尾交盘、头部下垂的蛟龙。碑趺是一个昂首远眺的大龟。龟下有长方形的石台，上刻水波漩流。这种碑式，唐代以后，历代都有遗存。《大明会典》称其形制为“龟趺螭首”。螭，又名螭虎，是传说中的动物。明陆容《菽园杂记》卷二曾有“螭虎，其形似龙，性好文彩，故立碑文上”的说法。但在

长陵神道石獬豸

长陵神道石骆驼

长陵神道石象

长陵神道石马

古代文人著述或营造书籍中还有其他说法。如，明李东阳《怀麓堂集》、谈迁《枣林杂俎》、谢肇淛《五杂俎》又有“龙生九子”之说。认为，龙有九个没有成龙的儿子，分别名为囚牛、睚眦、嘲风、蒲牢、狻猊、霸下、狴犴、赑屃、蠻吻，由于他们各有所好，所以成为不同物品上的偶像。其中，赑屃好文，故碑上两旁的文龙是其像；霸下好负重，故碑座石龟是其像。

碑首的正面，中心部位有篆额天宫，刻“大明长陵神功圣德碑”。碑身刻明仁宗朱高炽为其父成祖朱棣撰写的碑文。文长3000余字，赞颂了明成祖一生的功德及皇后徐氏的贤德。其落款时间为洪熙元年四月十七日。碑文书丹者，系正统初著名书法家、太常卿兼翰林侍书程南云。文献记载，他“颇读书，精篆、隶、行书”，“四方求其书者无虚日”。所书此碑，结构谨严，笔力遒健，确系一件难得的书法佳作。碑的其余三面原无文字，清代又添刻了一些碑文。背面，刻清高宗御制诗《哀明陵三十韵》，左面刻乾隆五十二年（1787年）御制诗，右面刻清仁宋嘉庆九年（1804年）御制文。

碑亭前后各有一对高大的白石华表。这四座华表各高10.81米，对称而设。它们既是陵墓前的标志之一，又是碑亭前后的石雕装饰物。四华表的形制相同，基座均为平面呈八边形的须弥座。其上下枋束腰部位均雕有精致的云龙图案，其座上的华表柱亦为八角形，但棱角处较为圆浑，四柱各雕有萦绕柱身盘旋而上的升龙及云朵。柱的上部各穿有一块云形石板，顶部则雕圆盘，盘上各雕一昂首长嘶的神兽——蹲龙。四柱上的蹲龙，朝向分为南北两个方向。其中，南面两柱上的蹲龙朝南，民间称之为“望君出”，其寓意是企盼君王走出深宫，体察民情，关心百姓的疾苦；北面两柱上的蹲龙朝北，民间呼之为“望君归”，意思是希望君王及早回朝理政。民间的这些说法表达了人们对圣明贤君的渴望。除此而外，华表的蹲龙因呈引颈嘶鸣之态，故而又有人称之为“望天犼”。这四座华表在明朝文献中还被称为“擎天柱”。据考这种石雕物的起源可以追溯到传说中的尧舜时代。据说，尧舜时期，曾于交通要道设置“诽谤之木”，让人们在上面写谏言，以供王者采纳。碑亭前后的四座华表，虽然已非木质，且无昔日“诽谤之木”的功用，但其样式却与“诽谤之木”十分相似，其中，石柱相当于竖立的木柱，石刻的云板则相当于交于柱头上的横木。这四座华表因设于陵前，人们又称之为“墓表”。

碑亭的北面是排列长达800米的石望柱和石人石兽。这些石雕装饰，古代又名之为“石像生”。其设置的目的是用以表饰坟垅，象征死者生前仪卫，同时又有“保护”陵园的象征意义。

长陵神道石麒麟

陵前置石像生，据说早在秦汉时代已经开始，此后历代帝王、重臣沿用不衰。只是数量和取象不尽相同。长陵的石像生设置基本上沿用孝陵制度，但又增置了四尊功臣像。排在最前面的是一对石望柱，高达7.16米，再后依次排列石兽12对，石人6对。

石兽共有6种，由前而后依次为狮、獬豸、骆驼、

长陵神道石将军

象、麒麟、马。每种各为两对，均为前者坐（或卧），后者立，相对排列于神道两侧。石人共有3种，均为立像，由前而后依次为将军、品官、功臣。

这组石像生有三个特点。一是品类的设置都有一定象征意义。如，马为古人坐骑；狮为古代凶猛之兽；象和骆驼是兽类中的庞然大物，獬豸为古代传说中善辨邪正的独角神兽，遇两人相争，专触邪恶之人；麒麟是传说中的太平、祥瑞之兽，圣人在位，天下文明之日则麒麟出。将军、品官、功臣则代表了帝王驾前的文武百官和数以千计的御前侍卫。

二是体积大。以立象为例，其身长为4.3米，高3.25米，宽1.55米，不计埋入地下的基座体积就约达21.7立方米。而这些巨大的石料，都是人们采用“旱船曳运”的方法，冬天在路上泼水结冰，载石于特制的木质“旱船”上，从240华里外的京西房山大石窝一步步挽行到天寿山陵区的。其耗费人力、物力之巨是可想而知的。

三是雕塑风格趋向写实，与肃穆庄严的陵墓建筑浑然一体，起到了良好的烘托陪衬作用。

石像生的尽端是一座三门六柱玲珑别致的棂星门。棂星门，又作灵星门。因为古人认为灵星所垂之象为天门，天门是天宫的大门，所以棂星门便成为一种象征王制、点缀意义非常强的标志性建筑。由于三门大额枋上有宝珠火焰雕饰，人们又称之为“火焰牌坊”。此外，又有龙凤门之称。这是因为帝后入葬山陵，此门为必经之处。

棂星门北4.4公里，中经南五空桥、七空桥、北五空桥就到了长陵的陵宫，即陵园的核心地区了。

长陵神道石品官

长陵神道石功臣

长陵神道龙凤门

长陵龙趺碑

长陵的陵宫建筑，朝向为南偏西 9 度，占地约 12 万平方米。其平面布局呈前方后圆形状。其前面的方形部分，由前后相连的三进院落组成。

第一进院落，前设陵门一座。其制为单檐歇山顶的宫门式建筑，面阔显五间，其下辟有三个红券门。陵门之前建有月台，左右建有随墙式角门（已拆除并封塞）。院内，明朝时建有神厨（居左）、神库（居右）各五间，神厨之前建有碑亭一座。神厨、神库均毁于清代中期，碑亭则保存至今。

这座碑亭落成于嘉靖二十一年（1542 年）五月。南向，形制为重檐歇山顶，四面各设红券门，内为木构梁架，天花顶。亭内立有一座造型新颖别致的石碑。碑首雕有一龙，龙头探出碑外；碑趺所雕亦为一龙，但形态仿龟趺式做伏卧状，清代文献称之为“龙趺碑”。据《明世宗实录》载，碑亭落成后，礼部尚书严嵩曾奏请世宗皇帝“亲御宸翰制文”。但当时所建碑亭，除长陵的这座外，还有献、景、裕、茂、泰、康六陵的神功圣德碑亭及东西二井、万贵妃坟等墓碑。这些碑石，除妃坟碑文可由翰林院撰文外，七座帝陵碑碑文都要由世宗皇帝撰写。这是因为明太祖朱元璋在洪武年间撰写皇陵碑文时就说过：“儒

臣粉饰之文，不足为子孙后世戒。”所以，皇帝陵碑碑文必须由嗣皇帝撰写。如，太祖陵碑的碑文为成祖所撰，成祖陵碑文为仁宗所撰。因此，献、景等陵的碑文自然应由世宗来撰写了。但世宗却始终没有动笔，推其原因很可能是因为世宗为人刚愎自用、报复心理特别强。下令建六陵神功圣德碑及长陵龙趺碑时并没有对撰写碑文一事加以认真思考，等到碑成该撰碑文时，才感觉到撰写六陵神功圣德碑文有自己不情愿之处。因为从感情上讲，成祖及仁、宣、英、宪四宗都是自己的祖先，为他们撰写碑文，有大臣帮助“润色”，应该说不是困难的事。但是，为孝、武二宗及其皇后撰写功德文字就不是自己愿意做的事了。因为自己为追尊生父为帝，曾和孝宗的皇后张氏闹翻，甚至视之为“宫中久恶之妇”，由此也影响到了他与孝宗、武宗，甚至武宗皇后夏氏的感情。基于这个原因，以世宗之偏狭，自然会选择宁可所有碑文都不写，也不为孝、武二宗和张、夏二后著上一字。因

长陵陵门

长陵祾恩门

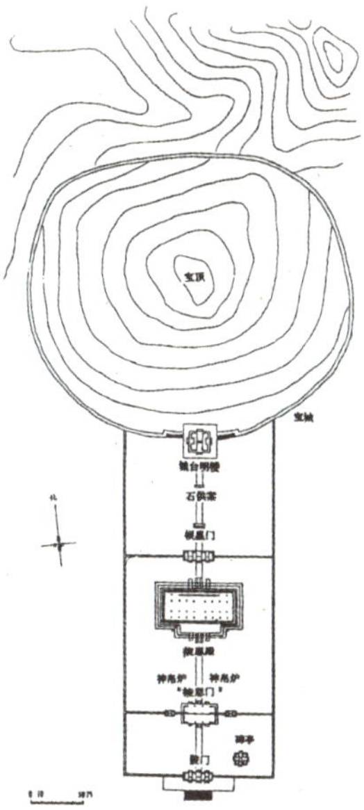

长陵平面图

长陵祾恩门榜额

为，如果世宗为仁、宣、英、宪四宗及成祖碑撰写了碑文，不为孝、武二宗碑撰文，则于礼不符，为孝宗撰文而不言张后，亦于礼不符。故此，明朝中期无字功德碑的出现，实则是当时政治斗争的一个缩影。现在人们看到龙趺碑上的碑文都是清朝中期刻上的。碑阳用满汉两种文字刻着清世祖顺治十六年（1659 年）保护明十三陵的圣谕。碑阴刻乾隆五十年（1785 年）清高宗御制的《谒明陵八韵》，碑左刻清仁宗嘉庆九年（1804 年）御制的《谒明陵八韵》。

长陵祾恩殿内楠木鎏金斗拱

第二进院落，前面设殿门一座，名为祾恩门。据《太常续考》等文献记载，天寿山诸陵陵殿名为“祾恩殿”，殿门名之为“祾恩门”，始于嘉靖十七年（1538 年），是世宗朱厚熜亲易佳名。其中，“祾”字取“祭而受福”之意，“恩”字取“罔极之恩”意。但长陵祾恩门内悬挂的匾额却错写成了“稜恩门”。“稜”的本意是物体突起的条状部分，与祭祀毫不相关，故为后世修缮时所误写当是毫无疑问了。

院内，北面正中位置建有高大巍峨的祾恩殿。这座大殿在明清两代是用于供奉帝后神牌（牌位）和举行上陵祭祀仪式的地方。明朝时，殿内日常陈设有神榻

长陵祾恩殿御路石雕

(灵座、龛帐)、帝后神牌、册宝、衣冠、御座、香案以及各种乐器。朝廷遣官致祭时，殿内再增置陈设祭品用的正案、从案、三牲案匣等以满足祭祀礼制的需要。长陵的这座祾恩殿是明代帝陵中唯一保存至今的陵殿，堪称是我国古代木构建筑中的珍贵遗物。其珍贵之处主要表现在如下三方面：

一是规模大、等级高。此殿制仿明代皇宫金銮殿（明代又称奉天殿、皇极殿）修建，面阔 9 间（66.56 米），进深 5 间（29.12 米），代表着皇帝“九五”之尊的崇高地位。殿顶采用古建筑中等级最高的重檐庑殿顶式的形制，覆以黄琉璃瓦，下面承以高大的三层汉白玉石栏杆围绕的须弥座台基，显示出皇家建筑高大的形象。

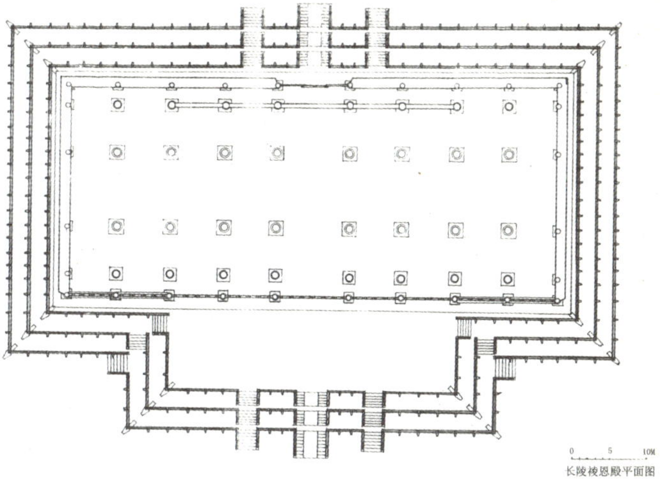

长陵祾恩殿平面图

二是用材考究。此殿梁、柱、枋、檩、鎏金斗拱等大小木构件，均为名贵的优质楠木加工而成。各构件在殿内部分（除天花外）无油漆彩画，显得质朴无华。支撑殿宇的 60 根楠木大柱，用材粗壮，是世上不可多得的奇材佳木。特别是林立殿内

长陵祾恩殿

的32根重檐金柱，高12.58米，底径均在1米上下。其中，明间中间的4根金柱最为粗壮。左一缝前金柱底径达1.124米，两人合抱，不能交手。文献记载，天寿山各陵及北京宫殿所用楠木采自四川、湖广一带的深山密林之中。那里人迹不到，“毒蛇鸷兽出入山中，蜘蛛大如车轮，垂丝如緪，罥虎豹食之。采者以天子之命，谕祭山神，纵火焚林，然后敢入”。伐倒的楠木，也往往是“一木初卧，千夫难移”，明万历年间，四川一带有“入山一千（人），出山五百(人)”的谚语。可知，明朝时采伐楠木确实十分艰难。而一木至京，费银竟达万两。

三是重要的历史、文物价值。我国的古建技术，宋代有《营造法式》，清代有《工部工程做法则例》，都是官修的建筑工程用书。但处于宋、清两代之间的元、明两代却都没有官修建筑用书。因此，元明两代遗留下来的古建筑就成为建筑史学界研究元明两代建筑法式、特点的基本素材。特别是像长陵祾恩殿这样的高等级的明代官式建筑，更是不可多得的珍贵实物。此殿历经500余年的漫长岁月，在此期间，殿宇的彩画及殿内的装饰情况都发生过变化。顾炎武《昌平山水记》记清初殿内的情况，有“中四柱饰以金莲，余皆髹漆”的描述。但到了清代中叶，由于多年来陵园看护不力，殿内的神牌、供案等物先后被盗窃一空，彩画脱落情况也十分严重。为此，清高宗于乾隆五十年（1785年）下旨修葺明十三陵时，特命为长陵等陵“增设龛位”。工部尚书金简等人在对明陵实地勘查后也上奏说：“其各陵暖阁地平、龛案、神牌现俱遗失无存，亦应一体添造，俾臻完备。”至于殿宇彩画，经钦派督办修理明陵工程协办大学士吏部尚书刘墉及工部尚书金简等人在查勘之后也提出了具体处理意见：“内里木植

长陵明楼宝城

长陵棂星门

长陵神帛炉

长陵石五供

长陵明楼

所有油什处所，年久全行脱落，露身俱系楠木，似可毋庸重加油饰，竟露楠木质地，似觉古雅。至外檐上架斗科，拟改用雅五墨。天花见色过色，下架用红土垫光油。”所以，人们现在所看到的大殿彩画已非明朝旧制。

祾恩殿的左右两翼，明朝时曾建有左右配殿（又作“廊庑”）各十五间，清代中叶毁坏并拆除。配殿之前各建有神帛炉一座，至今保存完好。其制均由黄、绿琉璃件组装而成，小巧玲珑。炉顶为单檐歇山式，炉身正面为四扇假棱花槅扇，正中辟券门，门内为小室，用于焚烧祭祀所用的神帛和祝版。

第三进院落，前设红券门制如陵门，为陵寝第三重门。院内沿中轴线方向建有两柱牌楼门和石几筵。两柱牌楼门，为柱出头式牌坊，又称棂星门。其两石柱，截面作方形，顶部各雕蹲麒麟（两者相对），前后戗抱鼓石。柱间木构部分仍为民国二十四年（1935 年）时仿景陵制增构。两柱牌楼门后为石几筵。它由石供案和五件雕刻精致的石供器组成，又称石五供。石供案，须弥座形制。

其上置石雕香炉一座、烛台两座、花瓶两座，为象征性祭器。

陵园的宝城建筑构成了“后圆”部分。其前部与第三进院落相接，形成一个整体。宝城，明代文献中又作“宝山城”，因城内覆盖玄宫（墓室）的封土堆称为“宝山”而得名。从外观上看，它就像一个封闭的圆形城堡，城高 7.3 米，外侧雉堞（垛口）林立，内侧置宇墙，中为马道，宽 1.9 米。宝城周长约 2 华里。宝城之内是埋葬帝后的玄宫（墓室）建筑，上面堆满封土，中央部分隆起，像一座小山陵，故称“宝山”。我国古代的陵冢，秦、汉以来，多作覆斗形状，其周围的陵墙平面也作方形，而明朝的帝陵，自南京孝陵始，则创制为圆形的陵冢，外护以圆形宝城墙的制度。

宝城的前部，沿中轴线方向建有方城和明楼。方城下设平面走向呈“T”形的券洞，该券洞，《大明会典》中又作“灵寝门”，其实际作用相当于进出宝城的城门洞。券洞内原建有随墙式黄琉璃屏，从琉璃屏前东西分驶，可出方城而达于宝城内。方城之上建有一座重檐歇山顶的明楼。这座明楼，明朝及清初时曾是前、后、左、右四面对称设置红券门，不仅楼体外檐斗拱系木结构，内部也都是木质的梁架结构，但因多年失修，到了清朝中期，明十三陵的明楼凡“搁架木植者皆糟朽坍卸”，所以，乾隆五十年

长陵圣号碑

(1785 年) 修缮各陵明楼时，管工的大臣们特向乾隆皇帝上奏说“今若就其形势仍用木植修换，恐难持久”，并提出各陵明楼的修复，应按照永定二陵明楼的起券方式，“一律改发石券”。长陵明楼在该次修缮中，因此改变了结构。首先，明楼内砌起了石券顶，楼顶因此变成了砖砌的实心顶结构，其次，左右两个红券门亦用砖封死，故此，现在只有前后券门通畅如故。楼内正中立有“圣号碑”。碑制为龙首方趺，篆额“大明”，下刻“成祖文皇帝之陵”七个径尺楷书大字。其中，“成祖”是朱棣的庙号；“文”是朱棣的谥号（寓意“经纬天地”），文字旧时泥金，碑身用朱漆阑画云气，故又有“朱石碑”的俗称。《明实录》记载，长陵的这座明楼和圣号碑为万历三十三年（1605 年）重新建立。

明人绘《出警图》中天寿山陵区苍松翠柏郁郁葱葱

这是因为，朱棣死后，仁宗皇帝定其庙号为“太宗”。嘉靖十七年（1538 年），世宗对礼部大臣说：“我国家之兴，始皇祖高皇帝（朱元璋）也，中定艰难，则我皇祖文皇帝也。二圣同创大业，功德并焉，宜称祖号。”遂改朱棣庙号为“成祖”。但当时明楼内圣号碑上已刻有“太宗文皇帝之陵”数字，世宗不忍琢伤旧号，命制木套刻新庙号嵌于碑上。当时有武定侯郭勋，上疏建议“尽砻旧字，更书之，可以垂永久”。世宗见疏很不高兴，命礼部及翰林院官复议。于是礼部顺承世宗的意愿上疏说："长陵碑，昭皇帝（仁宗）所建，千万年所当崇宝，皇上追念文皇帝功烈，尊称祖号，不忍琢伤，令今日之鸿号有加，先朝之旧题无改，圣见出寻常万万。"于是，旧碑上镶嵌上刻有新庙号的木套。万历三十二年（1604年）五月二十三日夜，天降大雨，雷火烧毁了明楼和碑石，木石俱毁。大学士沈一贯遂上疏说：过去世宗改庙号而没有更立新碑，今雷神奋威，乃天意示更新之象。于是，根据钦天监所定日期，于次年兴工鼎建，重新建造了明楼和碑石。

在这前方后圆的陵宫范围之内，明朝时曾栽植有许多松树、柏树。现在也依然是古木参天、郁郁葱葱。此外，明朝时陵园左前方曾建有宰牲亭，以备祭祀时宰杀牛、羊、猪。再左前方建有神宫监和祠祭署。神宫监住守陵太监，祠祭署为太常寺所派官员的衙署。陵园右前方建有具服殿，以备帝后谒陵时更换服装。但这些建筑均早已毁坏。

长陵祾恩殿榜额

献陵

明仁宗朱高炽之陵

明献陵，位于天寿山西峰之下，是明朝第四位皇帝仁宗朱高炽和皇后张氏的合葬陵寝。

一、明仁宗朱高炽——颇能体恤民情的皇帝

明仁宗朱高炽，成祖长子，洪武十一年（1378 年）七月一日生于安徽凤阳；二十八年（1395 年）闰九月二十一日，册立为燕王世子。永乐二年（1404 年）四月四日，立为皇太子；二十二年（1424 年）八月十五日即皇帝位，次年改元洪熙。洪熙元年（1425 年）五月十二日，逝于钦安殿，享年 48 岁。谥敬天体道纯诚至德弘文钦武

章圣达孝昭皇帝。九月六日葬献陵。

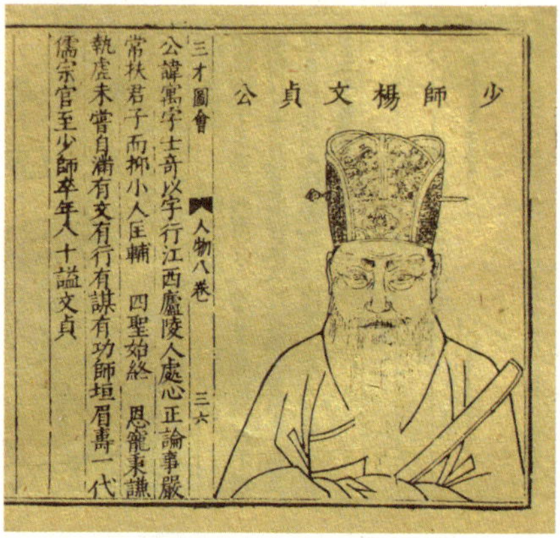

杨士奇画像

仁宗皇帝虽然在位时间很短，却是个较能体恤民情、处事宽和的帝王。他任用贤臣，虚心纳谏，曾先后赐吏部尚书蹇义、户部尚书夏元吉以及大学士杨士奇、杨荣、金幼孜等人刻有“绳愆纠缪”（意思是纠正过错）的银章，让他们同心协力，赞襄政务。凡朝廷处事失当，可写好奏章，密封后加盖此章，转达皇上。

仁宗对百姓的疾苦也比较关心。通政使曾向仁宗提议，将四方雨泽奏章送给事中收贮。仁宗不同意，说：祖宗令天下奏雨泽，是想得知水旱情况，以便对受灾地区进行救济，奏章积压在通政司已经不对了，怎能再收贮到给事中那里呢？他还规定，受灾地区的官员如不

献陵棂星门与明楼

诚孝昭皇后张氏画像

为受灾百姓申请赈济，就要治罪。有一次，他听说山东及淮徐一带遇灾，老百姓没有吃的，地方官却照常催征夏税，就召大学士杨士奇草诏，免去当年夏税及秋粮的一半。杨士奇提出先让户、工两部知道。仁宗说："救民之穷，就像救人于水火之中一样，不能迟疑。如再让户、工两部商议，他们顾虑国用不足，一定会议论不决。"说着，赶快让太监拿来文房四宝，让杨士奇就地草诏，盖上玺印，付诸实行。

由于仁宗在位期间推行了较为开明的政策，史书评论他："在位一载，用人行政，善不胜书。"又说，如果他能多年在位，政绩可与汉代的文、景二帝相比。与仁宗同葬献陵的还有诚孝昭皇后张氏以及贵妃郭氏、淑妃王氏、丽妃王氏、顺妃谭氏、充妃黄氏五名殉葬妃子。

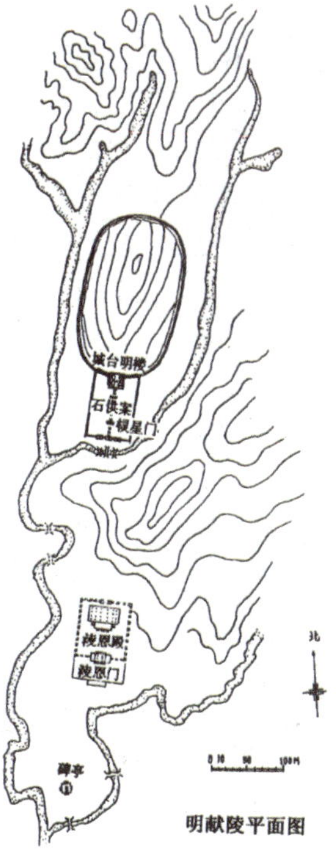

明献陵平面图

二、陵寝营建与规制

献陵的营建是在仁宗死后开始的。仁宗临终曾遗诏："朕既临御日浅，恩泽未浃于民，不忍重劳，山陵制度务从俭约。"宣宗朱瞻基即位后，遵照仁宗遗诏营建献陵。他召尚书蹇义、夏元吉至皇宫，对他们说，国家以四海之富葬其亲，岂惜劳费？然古之圣帝明王皆从俭制。作为孝子也只是想使亲人体魄永久保存，并不想厚葬。秦、汉时期厚葬的弊病，足为明戒。何况皇考遗诏从俭建陵，天下共知，今建山陵，我认为应遵皇考先志，卿等以为如何？蹇义等回答说：圣见高远，发于孝诚，这是对千秋后

献陵祾恩殿御路石雕

世都有益处的事。于是，宣宗亲定陵园规制，并委派成山侯王通、工部尚书黄福总理修陵事宜。从洪熙元年七月兴工，到八月玄宫落成埋葬仁宗，仅用了三个月的时间。地面建筑也陆续营建。八月，行在工部奉命营建门楼、享殿、左右庑配殿和神厨。正统七年（1442 年）十二月建造明楼，次年三月，陵寝建筑全部完工。

参加陵园营建的有南京守备襄城伯李隆统领的万名军士，南京海船厂附近江北府卫旗军工匠 118000 人以及河南、山东、山西、直隶、凤阳、大名等府州征调的民夫 5 万人。建成后的献陵，陵寝制度确实比较俭朴。其神道从长陵神道北五空桥北分出，长约 1 公里。途中建有单空石桥一座。路面中铺城砖，两侧墁碎石为散水，十分俭约。路上没有设置石像生、碑亭（现存碑亭为嘉靖年间增建）等建筑。陵宫建筑与长陵相比较，同样非常俭朴。其朝向为南偏西 20 度，占地仅 4.2 万平方米左右。其陵殿、两庑配殿、神厨均各为 5 间，而且都是单檐建筑；门楼（祾恩门）则仅为 3 间；方城、明楼不仅不像长陵那样高大，而且城下券门改为更简单的直通前后的形式。照壁则因之不设于券洞内而设于方城之后，墓冢之前。上登明楼的礓礤道改为设于宝城之内的方城左右两侧。由于献陵陵制不追求奢华，所以，前人在述及明陵时有“献陵最朴，景陵最小”之说，它为此后的明陵建筑树立了楷模。

献陵无字碑

献陵祾恩殿遗址

献陵石五供

献陵宝城马道

献陵还有一个特点，这就是祾恩殿和方城明楼在院落上彼此不相连属。前面以祾恩殿为主，建为一进院落，殿前左右建两庑配殿和神帛炉。院的正门是祾恩门，也即陵园的大门，门前出大月台，院后设单座门一道。后面以宝城、明楼为主，前出一进院落。院内建两柱棂星门、石供案。院门为三座单檐歇山顶的琉璃花门。两院之间，中隔一座小土山，这座小山名为玉案山。它从陵园左侧延伸而来，是献陵的龙砂。在风水信条中，“龙砂不可损伤”，“龙喜出身长远，砂喜左右回旋”，为使龙砂不受损伤，又能保证陵寝建筑规制的落实，陵寝的设计者遂采取了这种中隔小山的灵活布局方式。它使陵园山重水复、殿台参差，形成了人文景观与自然景观和谐统一的美，使几何形体的陵园建筑在山、水、林木的映衬下更加错落有致。

献陵的陵寝建筑在清乾隆五十至五十二年（1785—1787 年）间曾得到修缮。在此次修缮中，明楼由木构梁架改成为条石券顶结构。方城下的甬道被封死，右侧增筑了一道可由方院上登宝城的礓礤道，两庑配殿及神厨等附属建筑大多被拆。祾恩门则缩小了间量，且顶部由歇山式改成了硬山式。神功圣德碑亭被拆除了四壁，仅于台基之上，石碑的四周砌以齐胸高的宇墙。以后祾恩殿、祾恩门又相继遭到毁坏，成为一片遗址。

景陵

明宣宗朱瞻基之陵

景陵，位于天寿山东峰（又名黑山）之下，是明朝第五位皇帝宣宗朱瞻基与皇后孙氏的合葬陵寝。

一、明宣宗朱瞻基——杰出的守城帝王

明宣宗朱瞻基，仁宗长子，建文元年（1399年）二月三日生于燕王府。永乐九年（1411年）十一月十日，立为皇太孙；二十二年（1424年）仁宗即位，十月十一日，立为皇太子。洪熙元年（1425年）六月十二日即皇帝位。次年改元宣德。宣德十年（1435年）正月三日，逝于乾清宫，享年37岁。谥宪天崇道英明神圣钦文昭武宽仁纯孝章皇帝。六月二十一日葬景陵。

宣宗在治国方面颇有成就，他继承了前代与民休息的政策，多次下诏开仓赈济受灾百姓，减免受灾地区的田赋。他亲撰《织妇词》赐给朝臣，命人画成

孝恭章皇后孙氏画像

画悬挂宫内，使内外之臣了解农家的艰辛。

在宫廷生活上，他注意节俭，反对奢靡。即位不久，锦衣卫指挥钟法保建议派人到广东东莞采珠。宣宗听了生气地说："这是扰民以求利"，将他关进监狱。工部尚书吴中奏称制造御用物料，需到民间采买。宣宗说："汉文帝服御帷帐无文绣，史称恭俭。朕饮食器用，当从简朴。"遂命从库藏物中取用，不再重新购买。

在用人行政上，宣宗亲贤臣，远佞幸。重用仁宗朝的蹇义、夏元吉以及三杨（杨荣、杨溥、杨士奇）等老臣。对不称职的官员，不论关系亲疏，一概斥而不用。如，内阁大学士陈山、张瑛系宣宗东宫（太子）旧臣，因不称职，宣宗也把他们调出内阁。所以，史称其时为"吏称其职，政得其平，纲纪修明，仓庾充羡"，并把仁、宣两朝的统治合称为"仁宣致治"。

宣宗皇帝还是个能书善画、精于骑射的人。《万历野获编》记载，该书作

《杏园文会图》（局部）中绘有德高望重的三杨在杨荣的杏花园中聚会

明宣宗绘《武侯高卧图》

者沈德符幼年时曾见过宣宗画的一个扇面，上画折枝花和竹石，题有宣宗御制诗："湘浦烟霞交翠，剡溪花雨生香。扫却人间炎暑，招回天上清凉。"扇面的画，渲染设色直追宋人，书学颜真卿，而微带沈度姿态，是一件上乘的艺术佳品。宣宗少年时，曾习武于方山，练就了娴熟的骑射技艺。宣德三年（1428 年），蒙古贵族兀良哈部骚扰会州。宣宗北巡，亲率 3000 精兵出喜峰口进击，在宽河与敌交锋。宣宗引弓搭箭，接连射倒敌人的三个前锋，两翼明军奋出追击，打得敌人溃不成军，望见宣宗的黄龙旗就跪地请降。

清梁份《帝陵图说》中的《景陵图》

景陵祾恩殿御路石雕

与宣宗同葬景陵的还有他的皇后孝恭章皇后孙氏，以及贵妃何氏、贤妃赵氏、惠妃吴氏、淑妃焦氏、敬妃曹氏、顺妃徐氏、丽妃袁氏、恭妃诸氏、充妃李氏、成妃何氏十名殉葬妃子。

二、陵寝营建与陵制特点

景陵的营建始自宣宗去世后的宣德十年（1435 年）正月十一日。太监沐敬、丰城侯李贤、工部尚书吴中、侍郎蔡信等奉命督工。成国公朱勇、新建伯李玉、都督沈清及内府各衙门、锦衣卫等共发军民工匠 10 万人兴役。六月二十一日，葬宣宗。天顺七年（1463 年）三月十九日，陵寝工毕，其间断断续续共历 28 年的时间。

陵园制度，一遵献陵俭制。其神道从长陵神道北五空桥南向东分出，长约1.5公里，途中建单空石桥一座。陵宫朝向为南偏西55度，占地约2.5万平方米。宝城因地势修成前方后圆的修长形状，前面的二进方院和后面的宝城连成一体。中轴线上依次修建祾恩门、祾恩殿、三座门、棂星门、石供案、方城、明楼等建筑。

嘉靖十五年（1536年）四月二十七日，明世宗朱厚熜亲阅长、献、景三陵，见景陵规制狭小，对从臣郭勋等说："景陵规制独小，又多损坏，其于我宣宗皇帝功德之大，殊为勿称。当重建宫殿，增崇基构，以隆追报。"根据《帝陵图说》记载，增崇基构后的景陵祾恩殿，"殿中柱交龙，栋梁雕刻，藻井花

景陵全景

鬘，金碧丹漆”，殿中有暖阁三间，黼座（帝座）地屏直到康熙年间犹有存者。此外，嘉靖年间还在陵前增建了神功圣德碑亭。

景陵神宫监门厅

现在，陵内的祾恩殿台基仍是嘉靖年间改建后的遗物。从遗存的明代殿宇檐柱柱础石分布可以看出，该殿原制面阔五间（31.34 米），进深三间（16.9 米），后有抱厦一间（面阔 8.1 米，进深 4.03 米），前面的御路石雕二龙戏珠图案，比献陵一色云纹显得更为精致壮观。清乾隆五十—五十二年（1785—1787 年），清廷曾对明陵进行一次较大规模的修缮。为省工省料，景陵的祾恩门、祾恩殿均被缩小间量重建，两庑配殿及神功圣德碑亭因残坏而拆除。现在，祾恩门、祾恩殿的台基上还有清代改建后遗留的柱础石。神功圣德碑亭仅存石碑及台基。

景陵神宫监门厅局部

裕陵

明英宗朱祁镇之陵

裕陵，位于天寿山西峰石门山南麓，是明朝第六位皇帝英宗朱祁镇和皇后钱氏、周氏的合葬陵寝。

一、明英宗朱祁镇——一生中当过两次皇帝

明英宗朱祁镇，宣宗长子。宣德二年（1427 年）十一月十一日生，三年（1428 年）二月六日立为皇太子，十年（1435 年）正月十日即皇帝位，次年改元正统。

英宗登极，年方 9 岁，由于太皇太后张氏贤极，注意约束内官，委政三杨老臣，开始几年还能一遵仁、宣旧制，政事犹蔚然可观。后来，张氏因年老多病，对朝廷内外的事过问渐少。三杨中，杨荣于正统五年（1440年）病故，杨士奇因儿子杨稷被言官所纠，坚卧不出，只有杨溥一人在阁，年老势孤，其余内阁大臣均资历较浅。于是，司礼监太监王振倚恃英宗的宠信，渐渐控制了朝政。

正统七年（1442年）张氏病故，杨士奇也于次年病死，王振更加肆无忌惮，遂把持了朝廷大权。正统十四年（1449年）七月，蒙古的瓦剌部诱胁其他部落大举南犯。瓦剌太师也先亲自率兵攻打大同。紧急的边报纷纷飞到紫禁城。王振企图侥幸成功，劝英宗御驾亲征。兵部尚书邝埜、侍郎于谦等人力言“六师不宜轻出”，吏部尚书王直也率百官谏止，都不被采纳。

英宗在王振的怂恿下，于七月十六日，率京营50余万人马，仓促出征。途中，大臣们一再劝英宗返驾回京，王振就是不听。待他们知道了前方战败的惨状，英宗和王振才惊慌失措，决定班师回京。但又没有认真周密的计划，途中多次徒劳往返。由于明军迂回奔走，到了八月十二日，才达到距怀来城20里的土木堡。第二天，瓦剌军到，将土木堡团团围住，数十万明军全部被歼。英国公张辅以下50余名文武大臣阵亡，英宗被瓦剌军俘虏。护卫将军樊忠愤怒地举起铁锤将王振打死。史称这次事件为“土木之变”。

土木堡旧址

八月十七日，土木败报传到北京。文武百官聚于朝堂号啕大哭。皇太后孙氏下诏，立英宗的两岁儿子朱见深（当时名为见浚）为皇太子，命英宗弟郕王朱祁钰监国，总理朝政。九月，廷臣合辞呈请郕王即皇帝位，得到皇太后的同意。出使瓦剌的都指挥岳谦回来，也口传英宗圣旨，命郕王“继统以奉祭祀”。郕王遂于九月六日即皇帝位，遥尊英宗为太上皇帝，次年改元景泰。景泰皇帝在兵部尚书于谦等人的支持下，布置了北京的城防。在于谦的指挥下，军民同仇敌忾，打败了攻到北京城的瓦剌军，取得了北京保卫战的胜利。

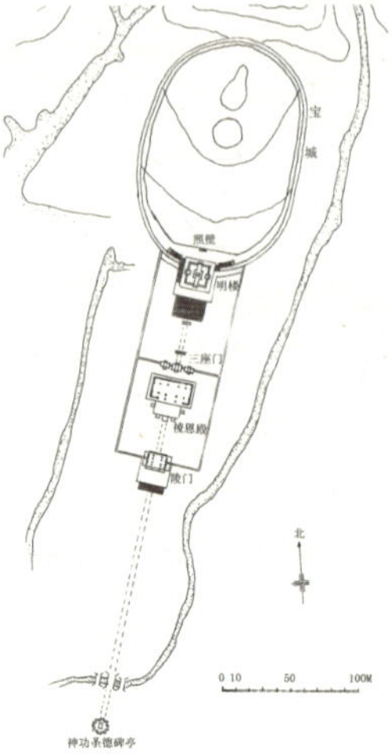

裕陵平面图

也先原想以英宗为条件，要挟明廷赔款，见明朝又立了新皇帝，便在景泰元年（1450 年）八月将英宗放回。

从茂陵宝城看裕陵

英宗回到北京后，虽然名义上还是太上皇帝，实际上却被幽居南宫，时时都在被监视之中，根本不能预政。景泰帝还废太子朱见深为沂王，立己子见济为皇太子。不久，见济夭亡。景泰帝也在景泰七年（1456 年）十二月二十八日得了重病。武清侯石亨见景泰帝病危，就与都督张軏、左都御史杨善、太监曹吉祥、太常卿许彬及左副都御史徐有贞密谋迎立英宗。景泰八年（1457 年）正月十六日，边关有警报，他们以增加皇城守备为名，带领家兵混同守御官军来到皇城。正巧第二天景泰帝也要临朝，大门开得很早。于是，他们顺利地进入皇城。黎明，到达了英宗所居的南宫。南宫门禁锢，打不开。徐有贞忙命众人手举大木猛撞宫门，又命勇士翻墙而入，与外面的人一起拆毁宫墙。墙坏门开，徐有贞等人扶英宗上辇，匆匆奔往皇宫。东华门的守卫拦阻，英宗说：“我太上皇帝也。”遂夺门而入。进入奉天殿后，众人将御座

裕陵神道

裕陵神道小石桥

居中放置，英宗登上御座，鸣钟击鼓，召见百官。大臣们正在奉天殿前等待景泰帝上朝，听到殿内一片喧哗，徐有贞突然走出殿外，对大臣们高声喊道："太上皇帝复位矣。"催百官入贺。英宗再次登上皇帝的宝座，史称这次宫变为"夺门之变"。

英宗复辟后，改景泰八年为天顺元年（1457 年）。废景泰帝为郕王，迁居西内，杀害抗击瓦剌有功的于谦，又用香木刻王振像，招魂以葬。从此，朝廷政治日趋腐败。

天顺八年（1464 年）正月十七日，英宗去世，谥法天立道仁明诚敬昭文宪武至德广孝睿皇帝。临终遗诏："殉葬非古礼，仁者所不忍，众妃不要殉葬。"结束了宫人殉葬的残酷制度。八月，葬裕陵。

二、陵寝营建与陵制特点

裕陵始建于英宗去世后的天顺八年（1464 年）二月二十九日，太监黄福、吴昱，抚宁伯朱永，工部尚书白圭，侍郎蒯祥、陆祥奉命督工，参加营建的军民工匠共达 8 万余人。

裕陵的营建及陵寝制度有如下特点：

一是施工进度快。仅两个月左右的时间，就把地下玄宫建成了。天顺八年五月八日，奉英宗皇帝梓宫入葬。六月二十日，陵寝工程全部告竣。用时仅四个月，《明宪宗实录》记载当时裕陵的规制为："金井宝山城池一座，照壁一座，明楼、花门楼

裕陵祾恩殿柱础石

裕茂二陵明楼

各一座，俱三间，香殿一座五间，云龙五彩贴金朱红油石碑一，祭台一，烧纸炉二，神厨正房五，左右厢房六，宰牲亭一，墙门一，奉祀房三，门房三，神路五百三十八丈七尺，神宫监前堂五间、穿堂三间、后堂五间、左右厢房四座二十间、周围歇房并厨房八十六、门楼一、门房一、大小墙门二十五、小房八、井一，神马房马房二十、歇房九、马桩三十二、大小墙门六，白石桥三、砖石桥二、周围包砌河岸沟渠三百八十八丈二尺、栽培松树二千六百八十四株。"

二是首次打破一陵只葬一位皇后的制度。明朝的帝陵，从孝陵开始，历长、献、景三陵，陵内均葬一位皇后，自裕陵以后，始有两位皇后或三位皇后与皇

帝同葬一陵的情况。本来，英宗在世时所立的皇后只有一位，这就是孝庄睿皇后钱氏。她对英宗感情深厚，正统十四年（1449年）英宗被瓦剌俘虏，钱氏为迎英宗回朝，把宫中自己的全部资财都拿了出来，为祈求神灵保护英宗，她每天不停祈祷，因久跪不起来，累了就地而卧，伤残了一条腿，又因终日哭泣，哭瞎了一只眼睛。英宗对她非常感激，去世前曾遗命大学士李贤："钱皇后死后当与朕合葬。"李贤退而书于内阁。但是成化四年（1468年）六月二十六日钱氏病故之后，围绕着钱氏是否与英宗合葬裕陵一事，却在宫内出现了一场风波。以大学士李贤、彭时，礼部尚书姚夔为首的文武大臣坚决主张按英宗遗言将钱氏葬入裕陵，与英宗合葬。宪宗皇帝本来也想照大臣们说的去做，但其生母周太后却不同意。周太后因生宪宗，于天顺元年（1457年）被英宗册封为贵妃，宪宗即

裕陵明楼及背后山脉

孝庄睿皇后钱氏画像

孝肃皇后周氏画像

裕陵方城券门

位后，尊其为皇太后。她为了日后自己能与英宗合葬，千方百计反对钱氏葬入裕陵。宪宗碍于母命，只好对大臣们解释说：“卿等所言固是正理，但圣母在上，事有窒碍，朕屡请命，未蒙俞允。朕平昔孝奉两宫如一，若因此违忤，至有他虞，岂得为孝？今当于裕陵左右择吉地安葬，崇奉如礼，庶几两全。卿等其体朕意。”大臣们见皇帝不同意合葬，就又接二连三地联名上奏。后来，在朝的文武百官索性集体跪在文华门外大哭，从巳时（上午9点至11点）一直跪至申时（下午3至5点），周太后才勉强同意。宪宗也传下旨意：“合葬之礼蒙允行矣。”百官们山呼万岁而退。然而，在周太后的授意下，钱皇后虽然葬入裕陵，却没能按礼制和英宗同葬地宫主殿内，而是被葬入了地宫的左配殿内，并且下令用砖石堵死了地宫主殿与左配殿的通道。周太后于弘治十七年（1504年）三月去世，谥孝肃贞顺康懿光烈辅天承圣睿皇后。孝宗在安葬祖母周氏于裕陵时，再次提到了钱皇后埋葬不合礼制的问题。他召大学士刘健、李东阳、谢迁进宫，拿出裕陵图对他们说：“此未合礼，皇堂不通，则天地闭塞；通之，则风气流动。”提出要把堵塞的甬通拆通。还说，钦天监曾说，通隧“上干先帝陵堂，恐动地脉”，他已经当面进行了反驳，说现在开隧道（指葬周氏），不也是动地脉吗？刘健等人都赞同孝宗的意见。可是，后来钦天监又说通陵事，岁向不利。内官监也说，庙寝旁难以轻动。为钱皇后通隧的事最终还是搁置未行。最后不过是重新将裕陵祾恩殿内的神座进行了布置，使英宗居中，钱氏居左，周氏居右而已。

裕陵石五供及两侧树盂

茂陵

明宪宗朱见深之陵

茂陵，位于裕陵右侧的聚宝山下，是明朝第八位皇帝宪宗朱见深和王氏、纪氏、邵氏三位皇后的合葬陵寝。

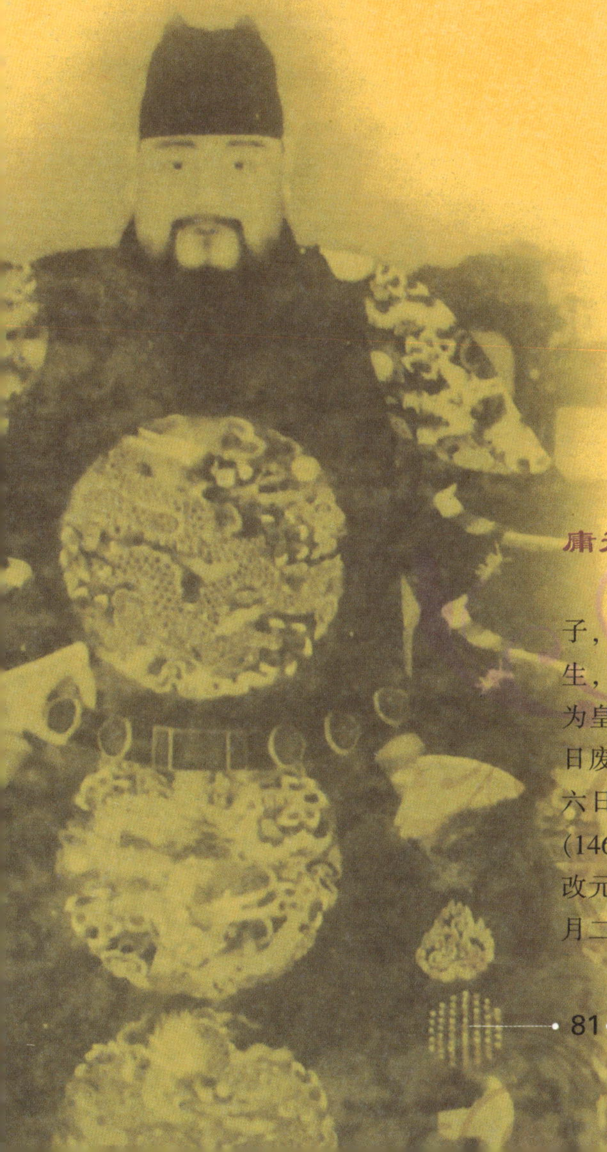

一、明宪宗朱见深——平庸无为的皇帝

明宪宗朱见深，初名见浚。英宗长子，正统十二年（1447 年）十一月二日生，十四年（1449 年）八月二十二日立为皇太子。景泰三年（1452 年）五月二日废为沂王。天顺元年（1457 年）三月六日，复立为皇太子，改名见深；八年（1464 年）正月二十二日即皇帝位；次年改元成化。成化二十三年（1487 年）八月二十二日去世，年 41 岁。谥继天凝道

诚明仁敬崇文肃武宏德圣孝纯皇帝，同年十二月十七日葬茂陵。

宪宗皇帝初即位，恢复景泰帝帝号，为于谦等景泰旧臣昭雪平反，做了一些顺应民意的事。但后来他失政之处颇多，有损于明王朝的长治久安。

天顺八年（1464年）二月，宪宗命中官传旨，用司礼监匠人姚旺为文思院副使。此后，内批官员相继不绝，一次最多达上百名。其中，仅文武僧道得官者就有上千名。此种官，不经科举，也不由吏部铨选，而是由皇帝直接内批任命，史称为“传奉官”。传奉官的出现说明宪宗皇帝已把官爵视为自己手中的私物，由此助长了官场上营私舞弊和卖官鬻爵现象的蔓延。

明宪宗绘《岁朝佳兆图》

天顺八年十月，宪宗又命把抄没太监曹吉祥的庄田收归皇宫。从此，在明代出现了“皇庄”。给事中齐庄上言：“天子以四海为家，何必与民争利？”宪宗不听。于是上行下效，皇亲国戚、中贵豪强多指民地为闲田，请求赐给，请赐土地高度集中，阶级矛盾日趋激化。

为了加强专制统治，宪宗于成化十三年（1477年）正月，又增设了“西厂”特务机构，命太监汪直提督。汪直奸诈阴险，作恶多端。他经常在京城内外易服私访，制造冤狱，残害正直的文武官员。以致时人“只知有汪太监，不知有天子”。上自亲王、大臣府第，下至乡间茅屋小店，随意诬陷栽赃，捕风捉影，重刑逼供，搞得朝野上下人人自危。于是，大学士商辂等官员上章弹劾汪直。兵部尚书项忠也倡九卿奏汪直罪状。宪宗勉强同意解散西厂，但不久又恢复。西厂继续为非作歹，搞得京城内外一派恐怖气氛。商辂等数十名正直的大臣只好辞官回家。

茂陵无字碑及神道两侧古柏

成化中期以后，宪宗所任用的大学士万安、刘吉、刘珝都是平庸无能之辈，从来没有提出过建设性的意见，对朝政几乎无所匡补，所以，当时流传“纸糊三阁老”“泥塑六尚书”之谣。

茂陵陵门柱础石

宪宗在后宫生活上，疏远皇后，但却一直钟情于比他年长 17 岁的皇贵妃万氏。万氏宠冠后宫，权倾内外。内官中的梁芳、韦兴等佞幸之臣为取得宪宗信任，费尽心机讨万氏欢心。他们以贡献为名，苛敛民财，任意挥霍内库银两。

茂陵三座门

宪宗一生对佛道之说极其推崇。僧人道士投其所好，飞黄腾达，官运亨通。如江夏僧继晓以秘术通过梁芳得到宪宗的赏识，被授为僧录司左觉义的官职，后进右善世，并被封为“通玄翊教广善国师”。他诱帝为佛事，建大永昌寺于西市，逼迫上百户居民迁徙他处。宪宗一朝，被封为法王、大智慧佛、西天佛子、大国师、国师、禅师的西番僧人更是不可胜计。

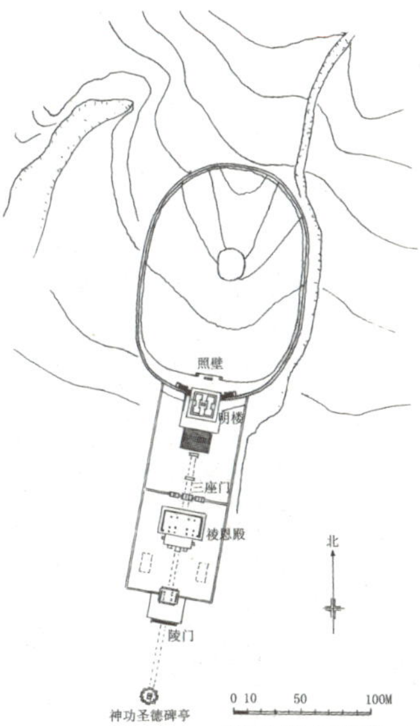

茂陵平面示意图

此外，茂陵地宫内还葬有三位皇后。孝贞纯皇后王氏，是宪宗的原配皇后，正德十三年(1518 年) 去世；孝穆皇后纪氏，孝宗生母，成

孝贞纯皇后王氏画像

化十一年（1475年）六月突然去世，死因不明，谥恭恪庄僖淑妃，葬京西金山，孝宗即位追谥为孝穆慈慧恭恪庄僖崇天承圣皇太后，迁葬茂陵；孝惠皇后邵氏，为世宗生祖母，世宗入继大统，尊之为皇太后，嘉靖元年（1522年）十一月去世，谥孝惠康肃温仁懿顺协天佑圣皇太后，次年二月葬茂陵。

二、陵寝营建与陵寝规制

茂陵的营建始自宪宗去世后的成化二十三年（1487年）九月十九日。陵址由礼部右侍郎倪岳及钦天监监正李华等人卜定。奉命提督军民工匠营建陵寝的是保国公朱永、工部左侍郎陈政以及内官监太监黄顺、御马监太监李良等人。工程历时七个多月，于弘治元年（1488年）四月二十四日全部竣工。陵寝制度大体同裕陵，但宝城内琉璃照壁后面设有左右两个方向的踏跺，可上登宝山，又与其他各陵均不相同。

茂陵的建筑在清朝初时保存尚好，而且祾恩殿内的陈设也保存较多。顾炎武《昌平山水记》记载顺治、康熙年间茂陵的情况是：“十二陵惟茂陵独完，他陵或仅存御榻，茂陵则簨簴之属犹有存者。”后来，因年久失修，祾恩门、祾恩殿等建筑先后毁坏。

茂陵明楼

泰陵

明孝宗朱祐樘之陵

泰陵，位于笔架山东南麓，这里又称『施家台』，或『史家山』，是明朝第九位皇帝孝宗朱祐樘及皇后张氏的合葬陵寝。

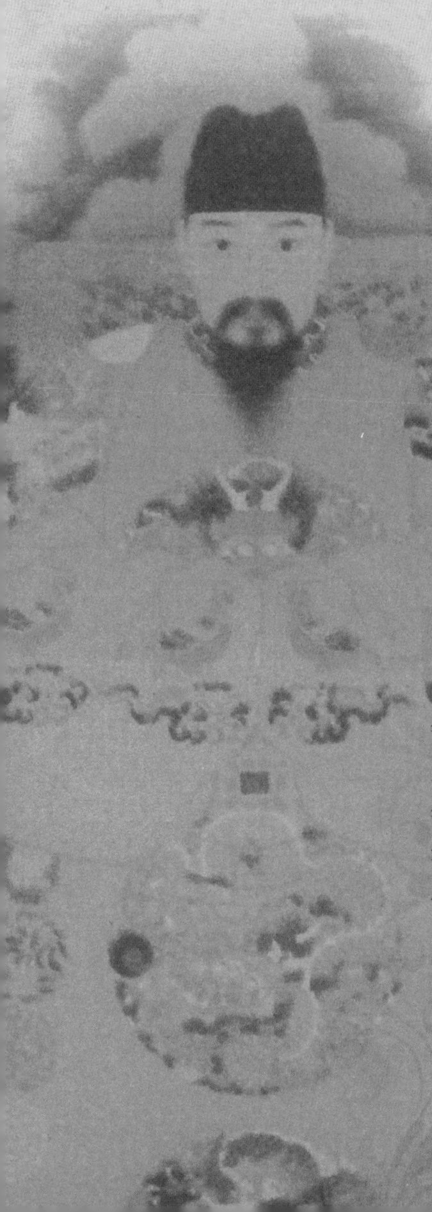

一、明孝宗朱祐樘——经历坎坷的“中兴”帝王

明孝宗朱祐樘，宪宗第三子，成化六年（1470年）七月三日生，十一年（1475年）十一月八日立为皇太子，二十三年（1487年）九月六日即皇帝位，次年改元弘治。弘治十八年（1505年）五月七日逝于乾清宫，享年36岁，谥达天明道纯诚中正圣文神武至仁大德敬皇帝。十月十九日葬泰陵。

孝宗是明代中叶唯一的较为励精图治的君王。他的幼年曾经有过一段类似“狸猫换太子”的坎坷经历。

泰陵陵门

他的生母是孝穆皇太后纪氏。她是广西贺县人，本是当地少数民族土官的女儿。成化时南征，俘入宫中。因为她机警通文，被授为女史，管理皇家典籍。一次宪宗偶然来到内藏，见纪氏对答合意，就私幸了她，因此有了身孕。

但当时宪宗最宠爱的是皇贵妃万氏。她虽然比宪宗大17岁，且说话“声类男子”，但她“丰艳有肌，每上出游，必戎服佩刀，侍立左右”，因此，深得宪宗欢心。万氏曾生有一子，不满周岁而死，此后不再生育。出于忌妒，其他妃嫔凡有怀孕的，她都设法让她们饮药堕胎。纪氏怀孕自然也难逃此劫，但胎却没有堕成。宫婢对万氏撒谎，说纪氏不是怀孕，是肚子里长瘤子，因此被送往静乐堂养病。在静乐堂，纪氏生下了孝宗。她担心被万贵妃得知遭到迫害，偷偷让门监张敏将孝宗抱出淹死。张敏暗自吃惊：“上未有子，奈何弃之?”遂发一丝善念，又抱回静乐堂，每天喂些粥糊。宪宗废后吴氏居西内，与静乐堂相邻，也时常过来照料哺养。

到了成化十一年（1475年），孝宗年已6岁，胎发还没有剃过。有一天，宪宗让张敏梳理头发。宪宗对镜叹息说：“老将至，而无子。”张敏跪下说：“死罪，万岁已有子也。”宪宗惊愕地问：“子在哪里?”张敏说：“奴言即死，万岁当为皇子主。”太监怀恩也说：“敏言是，皇子潜养西内，今已六岁矣。匿不敢闻。”宪宗大喜，即日亲去西内，迎接自己的儿子。使者来到静乐堂，纪氏抱着孝宗哭着说：“儿去，吾不得生，儿见黄袍有须者，即儿父也。”使者给孝宗穿上小红袍，抱上小舆，拥至阶下。孝宗胎发长垂至地，跑着投入宪宗怀抱。宪宗把他抱到膝盖上，看了又看，悲喜交集，哭着说：“我子也，类我。”命太监怀恩到内阁说明原委。第二天，群臣入贺，并颁诏天下，移纪氏于永寿宫，宪宗多次召见。万贵妃得知后，日夜怨泣。六月二十八日，纪氏突然死去。宫里传说是万贵妃乘宪宗召见纪氏时，在酒中下毒，纪氏被毒害而死。也有的说是自缢而死，莫得其详，张敏也吞金而死。因为这段坎坷的经历，孝宗即位后一直不立妃嫔，与皇后张氏亲密相处，宛如民间夫妇。

孝康敬皇后张氏画像

孝宗在位计 18 年，其间淘汰传奉官，罢遣禅师、真人、佛子、国师，调整内阁班底，选用贤臣，勤于政务，注重节俭，使朝廷政治出现了一个比较稳定的时期，史称其时为“弘治中兴”。孝宗去世后，孝康敬皇后张氏与其合葬泰陵。

二、陵寝营建，金井出水

弘治十八年（1505 年）六月五日，武宗下令营建泰陵。太监李兴、新宁伯谭祐、工部左侍郎李鐩提督工程，五军都督府及三大营官军上万人供役。历时四月，玄宫落成，于该年十月十九日将孝宗葬入陵内。正德元年（1506 年）三月二十二日，陵园的地面建筑也全部告成。整个陵寝建筑按《明武宗实录》记载包括：“金井宝山城、明楼、琉璃照壁各一所，圣号石碑一通，罗城周围为丈一百四十有二，一字门三座，香殿一座为室五，左右厢、纸炉各两座，宫门

泰陵神帛炉

清梁份《帝陵图说》中的《泰陵图》

一座为室三，神厨、奉祀房、火房各一所，桥五座，神宫监、神马房、果园各一所。”

泰陵营建虽只有 10 来个月的时间，但却不一帆风顺。祝允明《九朝野记》和孙绪《无用闲谈》曾记载，泰陵营建中在开挖玄宫金井时，曾有泉水涌出：“水孔如巨杯，仰喷不止。”吏部主事杨子器亲眼看到，如实上奏朝廷。在古代的风水观念中，金井出水，被视为不祥。这样一来，泰陵非改址不可。当时的督工太监李兴为武宗所宠信，势焰熏灼，不可一世。他见有人对他主管的修陵事提出了意见，十分气恼。工部左侍郎李鐩希望

泰陵祾恩殿遗址

泰陵棂星门石柱顶部麒麟

陵寝尽快完工，也认为杨子器多言。他们偷偷命人堵住泉眼，上疏说杨子器“诽谤狂妄”。武宗不问青红皂白，下令将杨子器关进了锦衣卫大狱。其他知情官员见状再也不敢提及这件事，更不敢为杨子器分辩求情。恰巧，这时有个新被起用的知县，莆田人邱泰来到京城。见京城对这件事议论纷纷，就上疏说：“子器此奏甚有益。盖泰陵有水，通国皆云。使此时不言，万一梓宫葬后有言者，欲开则泄气，不开则抱恨终天。今视水有无，此疑可释。”武宗觉得有理，命司礼监太监箫敬押解杨子器前往泰陵，一同查看验证。杨子器料到李兴等人会采取措施，自己此去凶多吉少，早晨临行时便赋诗一首：

禁鼓无声晓色迟，午门西畔立多时。
楚人抱璞云何泣，杞国忧天竟是痴。
群议已公须首实，众言不发但心知。
殷勤为问山陵使，谁与朝廷决大疑。

泰陵棂星门石柱

他自比战国时代向楚王进献美玉的卞和，认为自己做了杞人忧天的傻事。现在，不知朝中谁能为自己雪清这不白之冤。众官员也为杨子器担心，怕他惨遭李兴毒手。

萧敬押着杨子器到了泰陵，李兴果然率领一群打手赶到。他们见了杨子器先是痛骂，接着又要鞭打。萧敬连忙阻止，对他们说：“水之有无，视之立见，何必如此？”又对李兴说，“士大夫可杀，不可辱也。”

泰陵宝城排水嘴

泰陵宝城内琉璃照壁

回到朝廷，萧敬禀报了泰陵金井无水的情况。太皇太后王氏（宪宗皇后）在宫内听说这件事，传旨说："无水则已，何必罪人！"杨子器官复原职，避免了一场杀身大祸。

其实，泰陵金井即使没有出水，但从"风水"的角度看，该陵所在位置的确存在不少不合于风水"吉壤"条件的地方。如梁份在《帝陵图说》中就曾这样评价泰陵的风水："山巅巨石，土山戴之。而灵域之脉实在其下，盖天寿山外之山。淆然杂乱，地气不正，穴结无情，非可为弓剑之所也。况乎黑岭南障，一无所见于前。贤庄、灰岭之水出其左，锥石之水出发其右，二水虽合，环绕南流，流而散也。……则皇堂之地不可言，概可知矣！"谈迁在《国榷》中也说："泰陵临溪水，直流若干里，制又卑隘，识者知其地之不吉矣。"

泰陵院内古松柏

康陵

明武宗朱厚照之陵

康陵，位于金岭（又名莲花山或八宝莲花山）东麓，是明朝第十位皇帝武宗朱厚照和皇后夏氏的合葬陵寝。

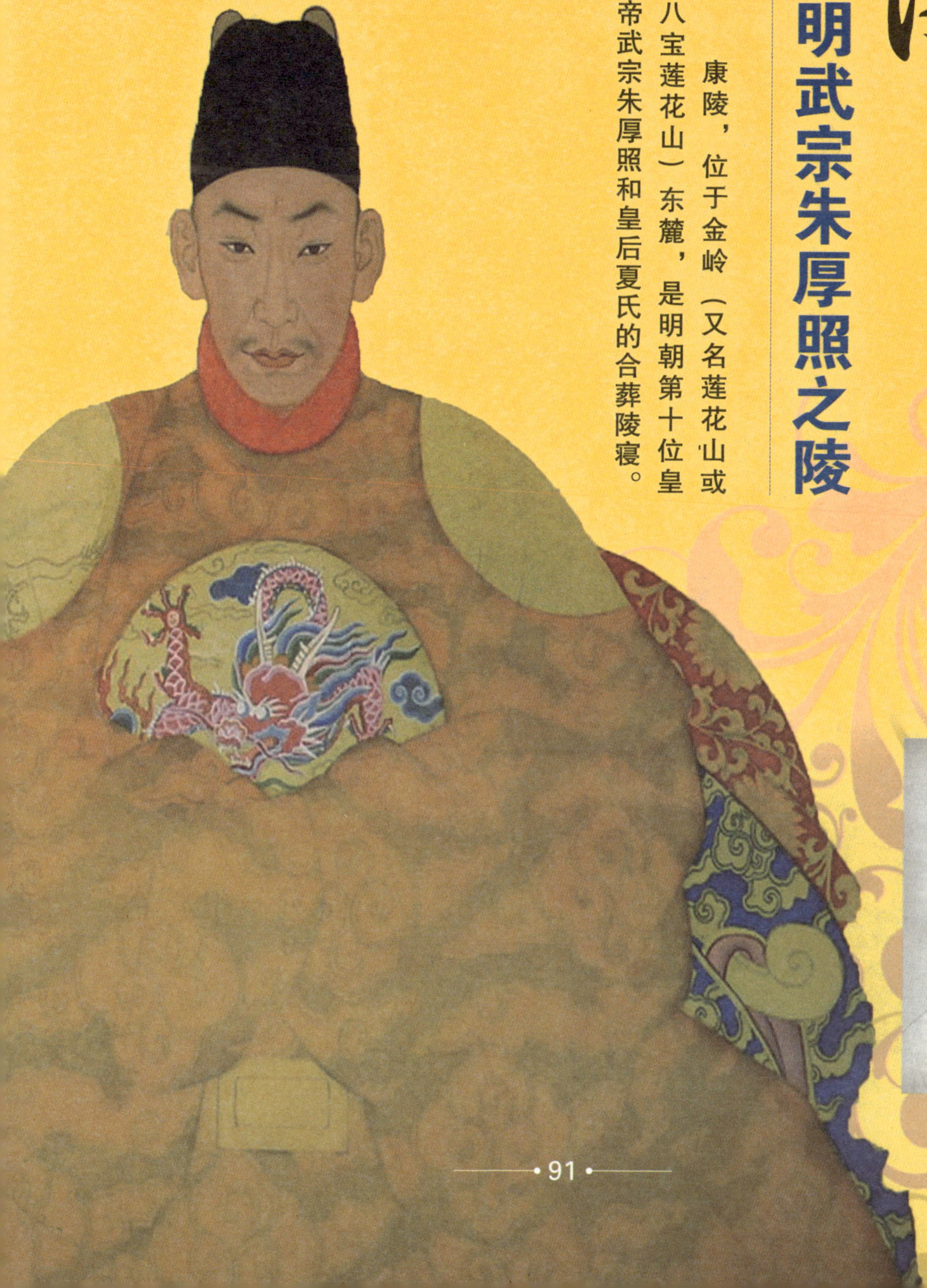

孝静毅皇后夏氏画像

一、明武宗朱厚照——昏庸荒淫的皇帝

明武宗朱厚照，孝宗长子，弘治四年（1491年）九月二十四日生，五年（1492年）三月八日立为皇太子，十八年（1505年）五月十八日即皇帝位，次年改元正德。正德十六年（1521年）三月十四日逝于豹房，谥承天达道英肃睿哲昭德显功宏文思孝毅皇帝，九月葬康陵。

武宗是明代最昏庸荒淫的皇帝之一。他在位期间，不理朝政，荒淫失德，太监、佞幸擅权，史所罕见。

武宗即位时，年方15岁，从小养成贪图玩乐的坏习惯。孝宗临终时，特召大学士刘健、谢迁、李东阳至乾清宫，托以后事。又握着刘健的手说："东宫（皇太子）年幼好逸乐，卿等当教之读书，辅导成德。"但武宗并不听这些顾命大臣的意见。他喜欢的是在东宫时陪伴他玩的几名太监，为首的是陕西兴平人，名叫刘瑾。另外还有马永成、谷大用、魏彬、张永、邱聚、高凤、罗祥等人，时称"八党"，又称"八虎"。武宗在他们的引诱下，每天游玩，根本不理朝政，大学士刘健等人遂上章谏劝。武宗对这些只是温诏相答，并不采纳。"八虎"则迎合帝意，进鹰、犬、歌伎、角觝之类供武宗玩乐。于是，户部尚书韩文会同百官伏阙上疏，揭发"八虎"罪行。武宗却仍听信"八虎"的胡言，反而下令由刘瑾掌管司礼监，马永成、谷大用分掌东西二厂，各居要职。刘健、谢迁等人被迫辞官回家。不久，韩文被刘瑾以伪银输入内库为借口，降一级致仕。其他反对过刘瑾的大臣也先后被杖责下狱，或罢官回家。正派的大臣被打击下去，武宗遂放心大胆，纵情玩乐起来。从此，朝事无论大小都由刘瑾一人专断，不再请示武宗。

康陵明楼

康陵方城前景

刘瑾的暴行激起了人们的反对，他最终因

康陵明楼台基上的明代角柱石遗迹

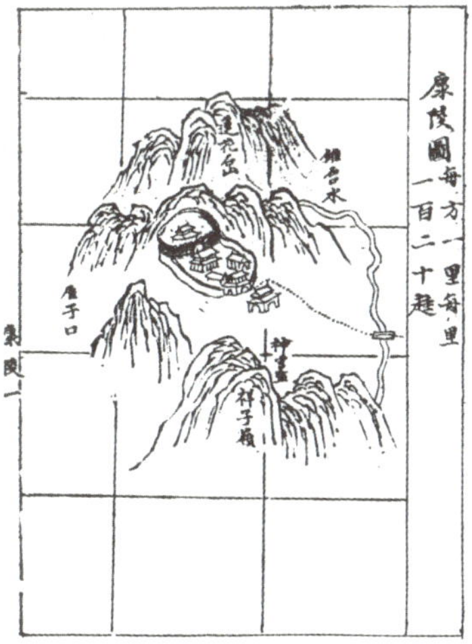

清梁份《帝陵图说》中的《康陵图》

谋反罪被处以磔刑。

刘瑾被除后，武宗又开始宠信钱宁、江彬两个佞幸之臣。他除了在京城淫乐外，还在佞臣的诱导下，离京到各地游乐，随意糟蹋良家妇女，却完全不把国事放在心上。而对劝谏的大臣依旧进行残酷迫害。

正德十四年（1519年）八月，武宗借口平定叛乱，亲率大军南下，实际目的是到江南游玩。在江南淫乐整整一年后班师回京。在回京的路上，武宗在清江浦（今江苏淮安市附近）的积水池中，驾小船捕鱼，不慎船翻落水，救出不久因过饮冷酒，吐血而崩。

当然，明武宗虽然治国理政不用心，而且荒淫无度，但他喜欢习武、绘画、音乐乃至佛学等，却也爱好颇多。

武宗去世后，其孝静毅皇后夏氏于嘉靖十四年（1535年）正月去世，合葬康陵。

二、陵寝营建及陵寝建筑特点

康陵营建始于正德十六年（1521年）四月三十日，工部侍郎赵璜、太监邵恩、武定侯郭勋奉命提督山陵工程。六月十二日，号陵名为康陵。九月二十二日，葬武宗于陵内。嘉靖元年（1522年）六月十七日，陵园建成，制度一如明泰陵。崇祯十七年

康陵石五供中的香炉

(1644 年)，李自成农民军出于对昏君的仇恨，将明楼付之一炬。清乾隆年间对陵园重加修葺，明楼四壁和祾恩门都被拆小改建。国民党统治时期，陵园更是频遭破坏。当地土匪曾在宝山之上开挖盗洞，企图盗窃墓内珍宝。其时天降大雨，盗洞坍塌，砸死洞内土匪，陵园才幸免被盗。多年来，由于人为破坏和风剥雨蚀，陵园残毁严重。不过，在陵园的残坏部位，由于墙皮脱落，人们却可以欣赏到款识多样、字迹清晰、构图精美的城砖铭文。其年款分别为成化、弘治、正德三个时期。字数多少不一。最少的不过三四字，只反映砖的产地，如“六合县”“泰兴县造”“浚县窑造”“镇江卫造”等；最多的达 60 字，如“直隶松江府金山卫管工委官指挥魏文、照磨任辂、上海县提调知县李隶、所县委官百户叶珪、县丞汤□、吏王恺。成化十八年 月 日，黑窑匠计文恭、金福海。”不仅反映了砖的产地，还记有委官人、匠人的姓名，以及砖窑种类、烧制年代等。铭文的布局形式也不尽相同。有横排式，有纵行式；有单行式，有多行式；有的舒展恢宏，将砖面占满，有的像一方长条印章装饰在砖面中间。铭文的四周，有的装饰有一道或两道“口”字形边框，给人以严谨庄重的规范感；有的不饰边框，给人以质朴无华的自然意趣。铭文书体有楷、行楷两类。这些铭文大多出自民间书法家或略通文墨的匠人之手，书艺风格带有多元化和古朴天成的特色。有的铭文匀整规范、平正工稳，带有宫廷“馆阁体”的特征；有的铭文雄强茂密，浑穆大方，又略具北魏碑版的风骨；有的铭文潇洒瘦劲，意态天真；有的铭文婉转遒劲……真是千姿百态，意趣多变。根据这些砖铭文的记载，还可以知道康陵用砖产自河南、江苏、山东等省的三十几个州县。

康陵砖铭拓片

永陵

明世宗朱厚熜之陵

永陵位于阳翠岭南麓，是明朝第十一位皇帝世宗朱厚熜及陈氏、方氏、杜氏三位皇后的合葬陵寝。

孝洁肃皇后陈氏画像

孝恪皇后杜氏画像

一、明世宗朱厚熜——以藩王世子身份入继大统的皇帝

明世宗朱厚熜，正德二年（1507年）八月十日生于兴王府，十六年（1521年）四月二十二日即皇帝位，次年改元嘉靖。嘉靖四十五年（1566年）十二月十四日逝于乾清宫，享年60岁，谥钦天履道英毅圣神宣文广武洪仁大孝肃皇帝。次年三月十七日葬永陵。

明世宗是明武宗的堂弟，武宗叔父兴献王朱祐杬之子。他之所以能够当上皇帝，是因为明武宗无子，于是按照“兄终弟及”的祖训继承了皇位。当时世宗才15岁。但小小年纪的他处事却已非常老练，而且性格执拗，做事非常果断。当时，武宗的母亲皇太后张氏以及以首辅大学士杨廷和为首的朝廷大臣，虽然一致愿意迎立世宗为帝，但却主张依照汉朝定陶王、宋朝濮王故事让世宗以过继其伯父孝宗为子的方式，以皇太子身份登极，并改称生父兴献王为叔父，母蒋氏为叔母。对于这一要求，世宗表示反对。他说：“难道父母是可以随便换的吗！”当礼部要求他来京后，从皇城旁门东安门入，先居文华殿，次日在百

永陵祾恩殿台基

官劝进下，择日即位时，世宗说：“遗诏以吾嗣皇帝位，礼部所定仪式怎能是这样？”坚持由皇城正门大明门入，日中时即位。世宗母蒋氏入京时，礼部拟以王妃礼仪由东安门入，世宗不顾群臣反对，断然决定以母后驾仪从大明门中门入，然后拜谒太庙。当他听说母亲不同意自己以孝宗为考（父），停在通州不肯进京时，涕泪不止，入启皇太后张氏，表示“愿避位奉母归”。在这种情况下，皇太后张氏及杨廷和等大臣才不得不屈从世宗，同意他追尊父兴献王为兴献帝，母为兴国后，其母蒋氏遂以太后驾仪从大明门进入皇宫。

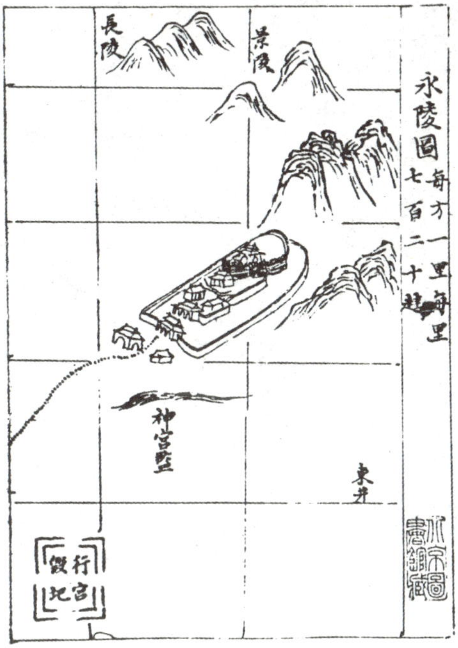

清梁份《帝陵图说》中的《永陵图》

此后围绕着世宗是否应该在兴献帝后的尊号中加上“皇”字，世宗在群臣的压力下曾一度称孝宗为皇考，是否可以改称皇伯考以及世宗能否将其父“本生皇考恭穆献皇帝”尊号和母“本生圣母章圣皇太后”尊号中的“本生”二字去掉等一系列问题，世宗又一再与廷臣中的大多数官员发生争执，史称该场争议为“大礼议”。在这场争斗中，世宗运用皇权的力量，经过几番较量，最终取得了胜利，不少大臣受到了惩罚。如嘉靖三年（1524 年）五月，世宗为去掉“本生”二字，将 220 名在左顺门集体长跪不起以示反对的官员逮捕入狱，并对为首的 8 人进行拷讯后编伍充军，其余四品以上均夺俸，五品以下 180 余人均被杖责，其中有 19 人因伤势过重死亡。

世宗执拗残暴的性格虽然使他在“大礼议”中大获全胜，但却给他后来的宫廷生活和执政带来不少负面影响。如《朝鲜李朝实录》记载他对宫女、妃嫔虽然也有宠爱之时，但“若有微过，少不容恕，辄加箠楚，因此殒命者多至二百余人”。以致她们“蓄怨积苦”，发动了嘉靖二十一年（1542 年）十月二十一日的宫廷事变。那天深夜，世宗正熟睡于曹端妃宫中，以杨金英为首的 16 名宫

永陵明楼

女密谋趁机把他勒死。其中一名宫女用布蒙住世宗的脸，另一名宫女把绳索系在世宗的脖子上，大家一拥而上，将世宗按住，用力拉住绳套。可惜宫女们误把绳套挽成了死扣，不论怎么拉，绳索都不能收紧。这时宫外隐约有一些响动。宫女张金莲见事不成，偷偷向孝烈皇后告密。孝烈皇后闻讯赶来，将宫女们拿下。可怜这些宫女，一个个被"凌迟处死，剉尸枭首，示众尽法"，家属也被逐一查出，依律处决。宁嫔王氏、端妃曹氏均牵连案中，被处以极刑。

另外，他的这一性格还使他难以接纳忠言，明辨是非。所以，尽管他紧握皇权，未使大权旁落，但由于他迷信道教，长期在宫中迷醉祷祀，不临朝问政，还是出现了奸臣严嵩专权，忠义大臣被贬、被杀的情况。如当时朝廷面临着"南倭北虏"两大威胁。在抗击东南沿海的倭寇作战中，总督张经率总兵俞大猷等奋勇作战，取得了一次又一次胜利，但张经却被严嵩的亲信、负责督察沿海军务的工部侍郎赵文华所陷害，被下诏狱论死。在抵御蒙古骑兵南下侵扰方面，首辅大学士夏言、总督三边侍郎曾铣力主收复河套地区，并取得了一定战果，但却均被严嵩用计陷害而死。嘉靖二十九年（1550年）在蒙古俺答部兵困北京城、肆意杀掳的情况下，身负节制各路勤王军队重任的宣大总兵大将军仇鸾却

永陵内白皮松

坐观俺答兵烧杀抢掠，不敢迎战，差一点使北京城沦陷。而这个仇鸾却正是通过重金贿赂严嵩之子严世蕃才得到这一官职的。

与世宗同葬永陵的有皇后三位：孝洁肃皇后陈氏，嘉靖七年（1528年）去世，先葬天寿山袄儿峪，穆宗登极后迁葬永陵；孝烈皇后方氏，嘉靖二十六年（1547年）去世，以原配皇后礼，最先葬入永陵；孝恪皇后杜氏，穆宗生母，生前为康妃，嘉靖三十三年（1554年）去世，葬金山，穆宗即位，迁葬永陵。

永陵宝城花斑石垛墙

二、陵寝营建及陵制特点

永陵的营建在世宗皇帝登极后的第十五个年头。系其在位时营建的“寿宫”。但其卜选陵址却是在嘉靖七年（1528年）皇后陈氏去世之时。当时，世宗命辅臣张璁及兵部员外郎骆用卿等人为陈皇后选择陵地。同时，也秘密选好了自己的陵地。

骆用卿在嘉靖年间以通晓风水术闻名，他来到天寿山后，外观山形，内察地

永陵宝城前眺

廖文政画像

脉，为世宗选择了橡子岭和十八道岭两处吉壤。随后，世宗就带领从臣和钦天监官员到骆用卿为他选定的两处吉壤察看。看后，觉得十八道岭风水最佳，决定在那里建陵。但他还不放心，又派人到江西找来杨、曾、廖氏后人再次察看。最后，经廖均卿的后代廖文政察看，还是认为十八道岭最吉。世宗遂下诏更名十八道岭为“阳翠岭”。嘉靖十五年（1536 年）四月二十二日申时，浩大的陵工开始了。世宗皇帝亲自主持了祭告长陵的典仪，武定侯郭勋、辅臣李时奉命总理山陵营建事宜。

在营建过程中，世宗打算按照长陵的规制进行营建，却惺惺作态地对大臣们说：“陵寝之制，量仿长陵之规，必重加抑杀，绒衣瓦棺，朕所常念之。”大臣们对世宗的话心领神会，送给世宗御览的陵寝设计图只比长陵规模略小，因此很快得到世宗同意。

大约经过 7~11 年的营建，永陵营建大体告成。建成后的永陵与前七陵相较，确有独特之处。

首先是规模宏大。在古代，陵园规模的大小取决于陵园殿庑、明楼及宝城规制。按照《大明会典》的记载，永陵宝城直径为 81 丈，祾恩殿为重檐七间；左右配殿各九间，其规制仅次于长陵，而超过献、景、裕、茂、泰、康六陵制度。

其次是陵寝设计有新意。永陵的方院和宝城之外，有一道前七陵都没有的外罗城，其制“壮大，甃石之缜密精工，长陵规画之心思不及也”。外罗城之内，左列神厨，右列神库各五间，还仿照深宫永巷之制，建有东西长街。《帝陵图说》曾记载这座外罗城的由来：“永陵既成，壮丽已极，为七陵所未有。帝登阳翠岭顾工部曰：‘朕陵如是止乎？’部臣仓皇对曰：‘外尚有周垣未作。’于是周遭甃砌，垣石坚厚，壮大完固。虽孝陵所未尝有，其后定陵效之。”当然，这段文字系出自传闻。因为按《明世宗实录》卷一八七记载，当时夏言等人拟定的永陵陵寝制度是按照世宗的旨意，把皇妃从葬之式与陵园制度一体考虑的。更确切地说，世宗皇帝是想把自己的妃子们也葬在自己的陵园内（虽然不是一个玄宫内），于是，夏言等人设计了外罗城，以便将皇妃们葬于外罗城之内。其布葬的位置则拟在“宝山城之外，明楼之前”，亦即明楼前左右宫墙之外，左右相向，依次而附。后来，世宗的皇妃们的墓室虽然没有按原议定的方案，修在外罗城内，但外罗城则按原定计划修建了。

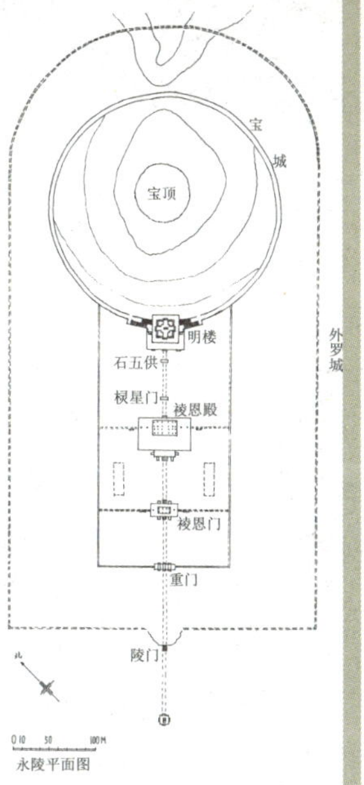

永陵平面图

最后是用料考究，施工精细。永陵的明楼不像前七陵那样采用砖木结构，而是采用内部发券的砖石结构。其中斗拱、额枋、椽飞，乃至榜额均以坚固的石料雕成。施以彩画，酷似木构建筑，但实际上却无片木寸钉。宝城垛墙也与其他陵采用砖砌不同，而全部采用色彩斑斓的花斑石加工组装。其祾恩门前的御路石雕不仅用材硕大居各陵之首，而且其龙凤戏珠图案雕刻非常精美。由于永陵用料考究，规制宏阔，明隆庆《昌平州志》称其“重门严邃，殿宇宏深，楼城巍峨，松柏苍翠，宛若仙宫。其规制一准于长陵，而伟丽精巧实有过之”。其营建耗费白银之巨多达 800 余万两。

昭陵

明穆宗朱载垕之陵

昭陵位于大峪山东麓，是明朝第十二位皇帝穆宗朱载垕及李氏、陈氏、李氏三位皇后的合葬陵寝，是目前十三陵中第一座复原修葺的陵园，也是陵区正式开放的旅游景点之一。

孝安皇后陈氏画像

孝懿庄皇后李氏画像

孝定皇后李氏画像

一、明穆宗朱载垕——史有“令主”之称

明穆宗朱载垕，世宗第三子，嘉靖十六年（1537年）正月生于皇宫，十八年（1539年）二月封裕王，四十五年（1566年）十二月即皇帝位，次年改元“隆庆”。隆庆六年（1572年）五月二十六日于乾清宫病故，享年36岁。谥契天隆道渊懿宽仁显文光武纯德弘孝庄皇帝，九月十九日葬昭陵。

穆宗即位之初，颇有节俭之行。文献记载，他喜欢吃果饼。一天，他让近侍为他准备。于是，尚膳监及甜食房的人开列了购买松榛米粉等物的价格，总费竟至数千两白银。穆宗见了笑着说：“这种饼只需五钱，就能到东长安街勾阑胡同买一大盒，哪用得了这么多银两？”内侍只得缩颈而退。又有一次，穆宗想吃驴肠，近侍打算把驴肠一项增列御膳中。穆宗制止说：“如果这样就要每天为我杀一头驴了。”

昭陵远景

在朝政的处理上，穆宗也不乏振兴之举。他临政之初，赦免并起用被囚于狱中的原户部主事海瑞及吴时来、赵锦等33名官员，为遭受严嵩迫害的杨继盛等45名官员昭雪平反，使“朝野号恸感激”，对消除世宗朝种种弊端产生了一定作用。特别是他任用徐阶、高拱、张居正等内阁大臣都是一流的政治家。他们进行吏治改良，提高了政府机构的工作效率；通过纠正嘉靖年间大兴土木、厉行海禁等破坏经济的做法，使商品经济和对外贸易有了发展，“南倭”的骚扰受到遏制；准许蒙古鞑靼部首领俺答汗封贡，通过茶马互市，蒙汉两族友好交易，化干戈为玉帛，又使“北虏”战端的问题得到解决。所以，《明史》称赞他“在位六载……躬行俭约，尚食省巨万。许俺答封贡，减赋息民，边陲宁谧……可称令主矣！”

昭陵宝城哑巴院

与穆宗合葬有三位皇后：孝懿庄皇后李氏原为裕王妃，死后葬金山，穆宗即位追尊为皇后，隆庆六年（1572年）七月迁葬昭陵；孝安皇后陈氏，原为裕王继妃，穆宗即位，册为皇后，万历二十四年葬昭陵；孝定皇后李氏，神宗生母，原为皇贵妃，神宗即位尊为皇太后，万历四十二年葬昭陵。

二、陵寝营建与陵制特点

昭陵的地上建筑为隆庆六年（1572年）六月十五日，神宗下诏修建的。其陵寝建筑规制大体与泰、康等陵相同。不同之处则主要有两点：一是开创了明代帝陵完备的“哑巴院”制度。明朝帝陵制度，孝、献、景、裕、茂、泰、康七陵都是从宝城墙内的地面开始夯筑墓冢，名为“宝山”。宝山底边处在宝城墙之内，故而文献对其描述有“半填”之说。而昭陵则因神宗曾下令，其封土与永陵“一体加倍”，故其宝城内的黄土几乎填满了宝城。为了防止墓冢封土滑坡，堵住明楼下的城门洞，其墓冢前的拦土墙也修得特别高大。因其走向略呈弧形，故有“月牙城”之称。又因月牙城与方城两侧的宝城墙围成了一个比较封闭的院落，故而又有“哑巴院”之称。昭陵的哑巴院是明代帝陵哑巴院趋于完备的起点。此后，庆、德二陵均沿用其制。二是宝山顶部沿用永陵制度，在宝城内封土的中央筑成上小下大的圆柱形状，人们称之为“宝顶”。它改变了从孝陵开始一直沿用的呈自然隆的“宝山”之形的墓冢形状。

但昭陵的地下宫殿却建自嘉靖年间。世宗即位后，经过“大礼议”之争，追尊其父为帝，并将其父在湖北钟祥的王坟按帝陵规制改建，荐号“显陵”。这时，有人为讨好世宗，提出将埋在湖北显陵的世宗之父兴献王改葬天寿山，但受到礼、工二部大臣的坚决反对，世宗只好作罢。

时隔十几年后，世宗的母亲章圣皇太后于嘉靖十七年十二月病故。世宗忽然又下诏在天寿山营建显陵，打算把父母合葬于天寿山。他亲自到天寿山陵域选择陵址，见大峪山“林茂草郁，冈阜丰衍”，是个建陵的好地方，马上命令武

被李自成农民起义军焚毁后残坏的昭陵圣号碑

重新修葺的昭陵宰牲亭、神厨、神库

定侯郭勋和工部尚书蒋瑶等人提督内外员役，开始建陵。又命令大学士夏言和礼部尚书严嵩作“献皇帝梓宫启行图”及奉迁仪注。不久，世宗又变卦了。他说：“迁陵一事，朕中夜思之。皇考奉藏体魄将二十年，一旦启露风尘之下，撼摇于道路之远，朕心不安。”打算把母章圣皇太后南葬显陵。他命锦衣卫指挥赵俊去湖北显陵，“开启玄宫，审视大内”。但回报说玄宫内有水。于是，世宗亲自去显陵察看，命重建玄宫，以待合葬。世宗在回京的路上，途经庆都尧母墓，又想仿尧父母异陵而葬的故事，不迁父亲的棺椁，而将

昭陵祾恩门局部

母亲葬于大峪山。嘉靖十八年（1539 年），他亲自去大峪山阅视陵工，此时在天寿山新建的“显陵”玄宫已经建成，但他却又说：“峪地空凄，岂如纯德山（湖北显陵后面的山）完美！决用前议奉慈宫南祔。”由于世宗犹豫不定、变化无常，几经周折之后，这座新建好的玄宫便空了下来。穆宗生前没有预建寿宫，在张居正等人的建议下，神宗决定将为曾祖父修建的地宫为父亲用上。所以，营建昭陵时并没有建造地宫。

三、祾恩殿内的“秋祭复原陈列”

昭陵建成后，曾两度受到人为和自然破坏。明崇祯十七年（1644 年）李自成起义军从柳沟入昌平，将康、昭二陵明楼烧毁。清康熙三十四年（1695 年）三月，祾恩殿又被雷火焚毁。清乾隆五十至五十二年（1785—1787 年）昭陵得以修缮，毁坏的建筑重新修建。但此后因年久失修，又有不少建筑相继毁坏。为保护文物，十三陵特区办事处于 1985 年至 1992 年，对陵园建筑进行了全面修复。其中祾恩殿因系古代祭祀场所，复建后按文献资料的记载，布置了“秋祭复原陈列”。

明代帝陵的祭祀制度，皇陵、孝陵、天寿山各陵祭祀的节序不完全相同。昭陵祾恩殿内的秋祭复原陈列是按照天寿山陵寝祭祀礼仪布置的。

天寿山陵寝祭祀，早期基本沿用建文初年所定孝陵祭祀制度。《大明会典·礼部·陵坟等祀》载：“凡清明、中元、冬至太牢致祭，遣官行礼，文武衙门堂上官各一员、属官各一员，分诣陪祭；忌辰及圣旦、正旦、孟冬亦遣官行礼，止用香、烛、酒、果，无帛，各衙门官不陪祭。”此外，国有大事，如修建陵寝、帝王登

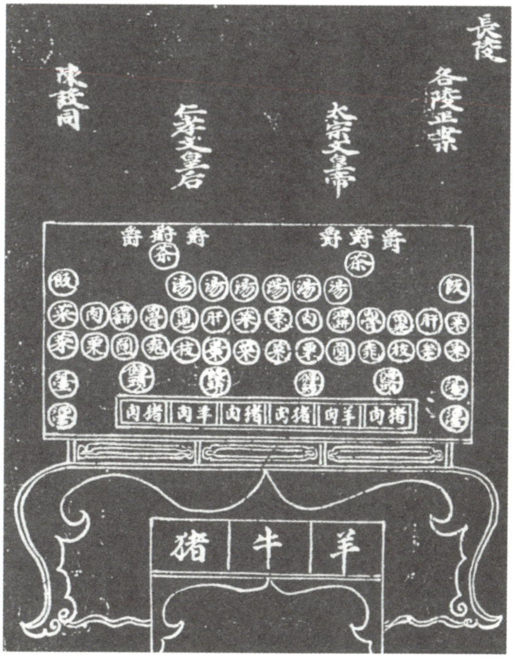

明人著《太常总览》中的长陵大祭供品陈设图

昭陵祾恩殿内的秋祭复原陈列

基等亦均有遣祭之举。

嘉靖年间，明世宗对陵庙制度改革，天寿山诸陵祭祀的节序又发生了变化。一是增加了霜降的大祭活动，二是减少了孟冬的小祭活动。这样，天寿山陵寝祭祀便形成了每年各有四大祭、三小祭的祭祀形式。其中，四大祭分别为清明、霜降、中元、冬至四节，三小祭分别为圣旦、正旦、忌辰三节。其中，霜降的祭祀，取意《礼经》“霜露即降，君子履之，有凄怆之心”，因为礼行于秋，又称之为秋祭。昭陵的秋祭，于祾恩殿内设一帝三后四正案。穆宗皇帝的正案上陈设有爵、茶、汤、饭、菜、炙肉、炙肝、肉骨、油饼、角儿、栗、枣、龙眼、荔枝、胡桃、馒头、羊肉、豕肉、酒壶、汁壶等，三位皇后正案上陈设的祭品除不置酒壶置茶壶外，余同皇帝案。此外，帝后正案之前还共设黝牛(犊)、北羊、豕各一，再前置帝后奉先制帛各一段，帛前设香一、烛二。左侧设司樽桌放酒樽，右侧设祝桌放祝版，祝版上书写祝文。这一陈列的布局形式是根据文献中的长陵大祭图进行类比设计的。

明朝时，各陵的祭祀时间一般是在夜里子时（11—1 时）。其仪程分为初献、亚献、终献三个部分。

主祭官一般由公、侯、伯或驸马担任。在举行三献礼前，各陵遣官先要在赞礼官的引导下，由各陵祾恩殿右门入。典仪唱：“执事官各司其事。”遣官随即在赞礼官的引导下就拜位，同时赞礼官亦就位。执事官捧香盒至香案，遣官在赞礼官的引导下至香案前。赞礼官跪，上香，遣官随之三上香。上香完毕，赞礼官及遣官复原位，行四拜礼，众官随之四拜。拜毕，行初献、亚献、终献三礼。

初献礼的行礼顺序是：典仪唱："奠帛，行初献礼。"执事官捧帛爵各献于御案，然后下跪，赞礼官跪读祝文，众官均跪。读毕，赞礼官俯、伏、兴、平身，众官随之亦俯、伏、兴、平身。

亚献礼、终献礼仪同初献礼，但不奠帛、不读祝。

三献礼完毕，赞礼官及众官四拜。拜毕，典仪唱："读祝官捧祝，进帛官捧帛，各诣燎位。"于是，读祝官捧祝，进帛官捧帛，从殿中门出，至燎位（神帛炉）焚烧。至此，祭仪完毕。

除了朝廷遣官祭陵外，皇帝还有亲自到陵园祭祀行礼的情况。皇帝祭祀，通常是从德胜门出城，北行到巩华城行宫驻跸，至天寿山后驻跸行宫感思殿。回京一般要途经京西金山，因为那里风景幽美，又有景泰皇帝陵寝和宣宗废后恭让章皇后陵寝。所以，他们祭完天寿山陵后，一般都是在金山祭祀行礼后在西湖堤岸坐船，经长河顺流而下从西直门或阜成门回京。与遣官祭祀相比，皇帝祭陵时祭品更为丰盛，因为有浩荡的随驾队伍，所以场面也更为壮观。

明人绘《出警图》中祭陵人员从石牌坊、大红门旁进入天寿山陵区

定陵

明神宗朱翊钧之陵

定陵，位于大峪山东麓，是明朝第十三位皇帝神宗朱翊钧和他两位皇后的合葬陵寝，是我国首次按计划发掘的明代皇陵，也是继长陵之后十三陵对外开放的另一个主要景点。

一、明神宗朱翊钧——明代享国最久的帝王

明神宗朱翊钧，穆宗第三子，嘉靖四十二年（1563年）八月十七日生。隆庆二年（1568年）三月十一日立为皇太子，六年（1572年）六月十日即位，年10岁，次年改元万历。万历四十八年（1620年）七月二十一日逝于宏德殿，享年58岁。九月，上尊谥为范天合道哲肃敦简光文章武安仁止孝显皇帝，十月三日葬定陵。

神宗皇帝是明代享国最久的帝王，也是典型的荒政怠惰之君。

他以冲幼君临天下，孝定后委朝政于张居正，朝廷政治出现生机。神宗在孝定后、太监冯保、首辅大臣张居正的监督之下，虽贪图玩乐的恶习没有大改，但出于敬畏之心，对张居正的各项改革措施也还基本言听计从，生活上也不敢过分的铺张。如，万历五年（1577年），神宗下诏修饰两宫太后居住的慈庆、慈宁二宫。张居正立即谏止说："两宫建成于万历二年，依然壮丽如故，不必更加藻饰。"神宗听后立即采纳。另外，张居正请以经筵之暇，为神宗进讲太祖及列圣宝训、实录，又请立起居注记录皇帝的起居生活和朝内外大事，每天用翰林官四员为神宗讲析诗文及备顾问，神宗都予以批准。但神宗随着年龄的增长，对张居正的一套说教逐渐产生了逆反心理。他先是敬畏，后是"心厌之"，但这种心理状态只是深埋心中，隐而不显。

张居正画像

万历十年（1582年），张居正病故，神宗年已20岁。为了发泄早已存于心中的对张居正和

冯保的积怨，他重新起用了东宫时所宠信的宦官张诚。张诚原与冯保不和，被斥于外，神宗命他暗中刺探冯保和张居正的行踪。张居正一死，张诚立即把张居正和冯保所谓的“交结恣横状”报告给神宗。神宗先是把冯保谪发南京，籍没其家产，接着又在万历十二年，给张居正加上了“专权乱政，罔上负恩，谋国不忠”等罪名，告谕天下，抄没家产。张居正的长子、礼部主事张敬修在严刑逼供之下自缢而死，次子嗣修和弟居易俱被发配到边远地方充军。张居正引荐任用的官员也被“斥削殆尽”。

从此，神宗如释重负，觉得自己现在才是名副其实的皇帝了。他深居后宫，终日与妃嫔饮酒作乐，过着荒淫糜烂的生活，朝廷政事再也不想过问。他的谕旨和大臣的奏章均由内臣传达，大臣们很少能和他见上一面。他所任用的内阁大臣也都是一批庸庸碌碌、遇事迁就的人。此后，对敢于对皇帝谏劝的人都予以重处。

万历中叶以后，神宗的昏惰达到了“不视朝，不御讲筵，不亲郊庙，不批答奏章”的程度。甚至中央和地方缺官也不补充，国家机器几陷瘫痪状态。

明人绘《出警图》中的明神宗戎服乘马赴天寿山拜谒陵寝

神宗在政治上虽毫无抱负，但在搜刮民财上却是挖空心思。为了满足自己挥霍和享乐，他派出大批亲信宦官，分赴各地充当矿监、税使。这些矿监、税使倚恃神宗的宠信，胡作非为，肆意搜刮民财，所到之处，“鞭笞官吏，剽劫行旅，商民恨之刺骨”。大臣们见矿监、税使四处为害，纷纷上疏请求停止税监活动，但神宗始终置若罔闻，毫无反应，对矿监、税使的罪行则百般包庇纵容。所以，史书称神宗是“以金钱珠玉为命脉”的人。

孝端显皇后王氏画像

不过神宗在位期间，在朝政方面也有一二可称道之处。如万历二十至二十七年(1592—1599年）的援朝战争，虽“靡费数百万”，损失了不少兵将，但明军在朝鲜军民的配合下，打败了日本丰臣秀吉的侵朝军队，加强了中朝两国的传统友谊，保证了朝鲜人民和平的生活环境。

另外，神宗还是个书法爱好者。《万历野获编》记载，他从小“即工八法”。《宛署杂记》也记载，神宗“留神翰墨”。

与神宗合葬定陵的两位皇后，一位是原配皇后孝端显皇后王氏。另一位是光宗生母孝靖皇后王氏，她活着时的封号是皇贵妃，万历三十九年九月去世，先葬东井左侧的平冈地，熹宗即位，追尊为后，迁葬定陵。

孝靖皇后王氏画像

二、陵寝营建与陵寝规制

定陵是神宗皇帝生前预建的“寿宫”。万历十一年（1583年）正月的一天，神宗朱翊钧来到内阁，对大学士张四维等说：“朕于闰二月躬诣天寿山行春祭礼，并择寿宫，卿等拟旨来行。”神宗时方21岁，按理说大臣们应加以谏阻，引导他精勤朝政，养息民力。但神宗朝，自张居正死后，邪臣庸相充斥朝堂，他们但求保全自己的荣华富贵，毫无治国雄心。大学士张四维也不例外，他上疏迎合神宗说：预建山陵，乃古圣帝明王的明智之举。又说："山陵重事，必须详慎，今天寿山吉壤固多，未知何地最胜，合照世祖先年事例，命文武大臣带领钦天监及深晓地理风水之人，先行相择二三处，画图贴说进呈御览，恭候圣驾亲阅钦定，然后营建，以为万万年寿藏。"神宗听了张四维的意见，遣官前往天寿山预卜陵地。

参加选陵的人很多，有定国公徐文璧、大学士张四维，还有许多精通风水术的人。他们踏遍了天寿山一带的山山水水，最后精选出形龙山和大峪山两处风水吉地，呈报给神宗。万历十二年（1584年）九月，神宗奉两宫圣母，率后妃秋祭山陵后，登望大峪山，确定在那里建陵。该年十一月六日辰时，陵寝动工营建。尽管当时定国公徐文璧等人曾盛赞大峪山是"主势尊严，重重起伏，水星行龙，金星结穴，左右四辅，拱顾周旋，六秀朝宗，明堂端正，砂水有情"，是个"尽善尽美，毫无可议"的风水吉地，但由于开挖地宫时，在棺床位置挖到了"横阔数十丈如屏风"的巨石，因此，朝廷大臣就大峪山风水的吉凶问题展开了激烈的争论。有人主张另选吉地，也有人主张仍用原处。经神宗再

定陵远景

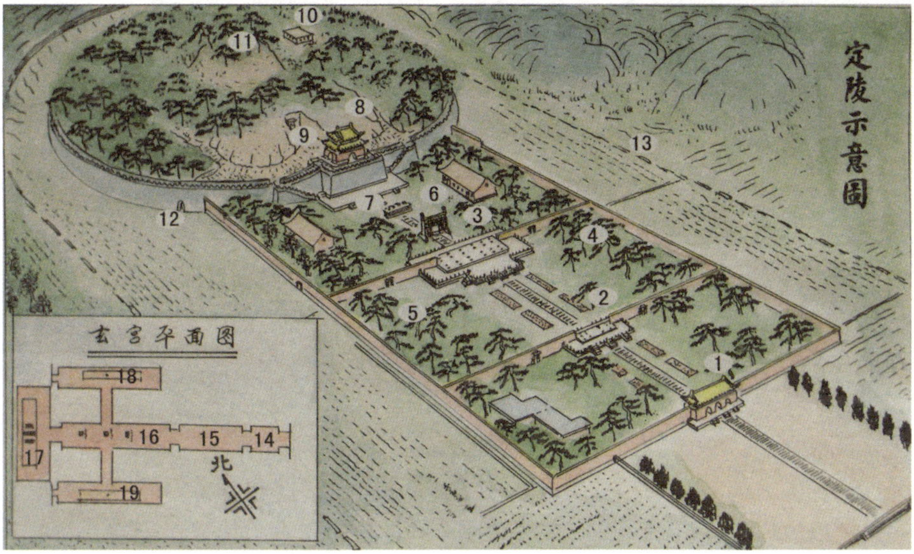

1. 重门 2. 祾恩门 3. 祾恩殿 4. 左配殿遗址 5. 右配殿遗址 6. 棂星门 7. 石五供 8. 明楼 9. 地宫出口 10. 地宫入口 11. 宝顶 12. 隧道门 13. 外罗城遗址 14. 隧道券 15. 前殿 16. 中殿 17. 后殿 18. 左配殿 19. 右配殿

定陵示意图

次实地审视，决定仍用大峪山。万历十八年（1590年）六月陵寝竣工，历时五年半有余，耗用白银800万两。其陵寝规制，除祾恩殿前左右配殿各为七间，外罗城内神厨、神库各为三间，比永陵稍逊外，其余殿宇规制及建筑材料的使用等均同永陵。

定陵祾恩门石雕螭首

三、定陵地下宫殿的发掘与地宫规制

定陵在崇祯十七年（1644年）曾遭到李自成农民起义军的破坏。祾恩殿、祾恩门、左

定陵祾恩殿月台

定陵明楼石刻檐头

右配殿等木构建筑基本被焚毁殆尽。清乾隆五十至五十二年（1785—1787年）清廷进行修缮，祾恩门、祾恩殿被缩小复建，外罗城及许多附属建筑的墙垣也同时被拆除，宝城垛墙的花斑石大多被拆除后运走，改成了砖砌形式。此后，在民国二年（1913年）定陵又再次被焚，以致许多建筑都只剩下基址。由于缺乏适时修缮，甚至连宝城墙内明代预设的隧道门券洞都因外皮墙脱落而有局部暴露出来。然而，正是因为这点偶然的因素，却使定陵成为新中国成立后第一座由国家批准进行考古发掘的帝王陵墓。

据有关资料记载，1955年10月15日，中国科学院院长郭沫若、北京市副市长吴晗、文化部部长沈雁冰、全国人大常务委员会副秘书长张苏、中国科学院历史研究所第三所所长范文澜、《人民日报》社社长邓拓六人给国务院写的请示，本来是想发掘明成祖朱棣的长陵的。他们认为，“长陵没有被盗掘的记录，如果明成祖的骨殖及殉葬物全部被保存，对明初史事的研究将有极大贡献。即使曾被盗掘，剩下的文物也一定不少”，“埋葬在地下的宫殿，今天如能使其重见天日，开放为地下博物馆，安装电灯，供人参观，不但可以丰富历史智识，也将使这个古代帝王陵墓成为具有世界意义的名胜。”同年11月3日，国务院总理周恩来批准了他们的报告，随后成立了长陵发掘委员会。但出于慎重，并没有对长陵进行发掘，而是通过对献、庆、定三陵比较分析后，选

定陵宝城排水龙头

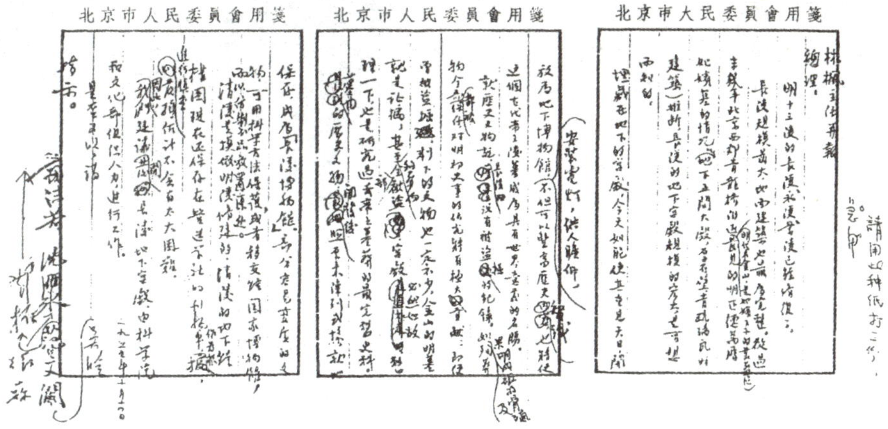
北京市人民委員會用箋
北京市人民委員會用箋
北京市人民委員會用箋

吴晗等上书国务院请示发掘明长陵手稿

择了“有部分地下门道显露”的定陵作为试掘对象，以便取得经验，然后再对长陵进行发掘。

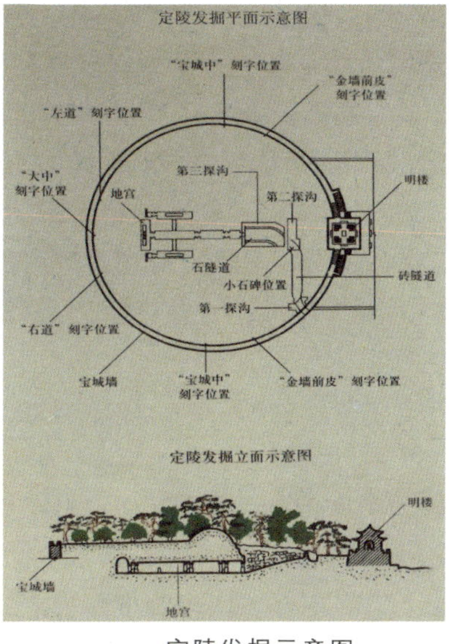

定陵发掘示意图

1956 年 5 月，定陵的发掘工作开始。考古人员首先在宝城墙露有砖券洞部位所对应的宝城墙内的封土上开掘了第一道探沟。该探沟长 20 米，宽 3.5 米，在那里找到了砖砌券门，即隧道门，并找到了通往地宫的砖隧道。在挖探沟时，还发现了宝城墙内侧条石上阴刻的“金墙前皮”“右道”“宝城中”“左道”“大中”等字迹。

根据砖隧道的走向，考古人员在越过一段距离后，又挖掘了第二道探沟。这条探沟宽 10 米，长 30 米，深 7.5 米。在这一探沟中，不仅找到了砖隧道的尽端。而且在砖隧道的尽端发现了刻有“此石至金刚墙前皮十六丈深三丈五尺”的 16 字小石碑。

按照小石碑的提示，考古人员又在明楼之后对着宝顶方向挖了第三条探沟。这

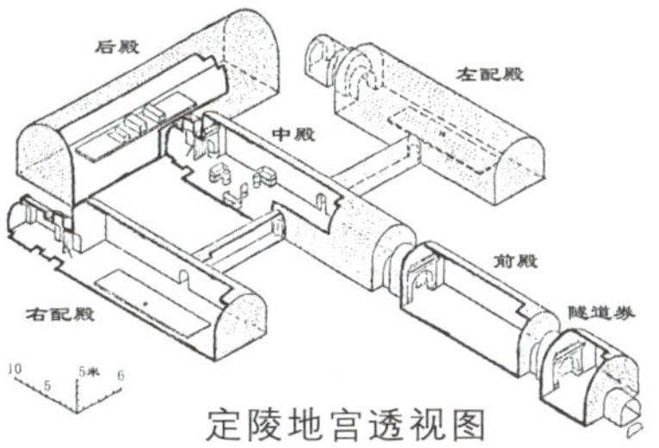

定陵地宫透视图

道探沟宽 10 米，长 15 米。在这道探沟中发现了斜坡的石隧道，接着，在 1957 年 5 月，正当发掘工作进行一周年之际发现了“金刚墙”。金刚墙，是一道 8.8 米高，砖砌的墙体，上有黄色琉璃瓦檐，下有用砖活砌的“圭”字形出入口。拆开金刚墙下部“圭”字形出入口，里面就是神秘的地下宫殿了。

地下宫殿，明代官方文献称之为“玄宫”或“玄寝”。因系墓主梓宫（棺椁）及随葬品的奉安之处，故为陵寝建筑的核心部分，也最富于神秘色彩。

它的外面设有三条隧道。分别是探沟中挖出的主隧道以及条石上所刻的“左道”和“右道”。主隧道由砖、石两部分组成。其起点是隧道门，终点是地下宫殿之前的金刚墙。左道、右道未经发掘。但从石条刻字位置看，其终点应是通向左右配殿。

地下宫殿由五座条石砌成彼此通连的大殿组成。

前殿，面宽 6 米，进深 20 米，顶高 7.2 米，殿内无陈设物。但刚刚打开时，里面留有当年帝后入葬为保护地面铺设的木板。木板上留有帝后入葬时龙輴（装载帝后棺椁的车子）压出的车辙轨迹。

中殿，进深 32 米，面宽和顶高均同前殿。打开时，殿内最里端陈设着一帝二后的神座、五供和长明灯。神座，白石雕刻而成，制如帝后生前所用的御座。皇帝的神座靠背和扶手之上各雕龙头。皇后的神座式同皇帝神座，但靠背及扶手之上各雕

定陵发掘第三探沟

定陵地宫中殿原状

定陵地宫后殿原状

凤头。五供均为黄色琉璃制品，帝后各一套，分置神座之前。每套各有香炉一个，烛台两个，花瓶两个，分置白石座上。长明灯，又称万年灯，以高和口径约为 0.7 米的青花云龙大瓷缸为灯具，上有“大明嘉靖年制”的题款。缸内储油，其表面的油脂凝固在一起，厚 5~6 厘米，经粮食部谷物油脂化学研究所鉴定为蜂蜡，其下为植物油。在油脂之中，各置有灯芯（以植物秸秆数根捆扎，内插铁钎，外敷灯心草及棉纸），灯芯的下端连以锡坠，锡坠置于缸底中央。灯芯的上端各置有圆形的鎏金铜油漂，漂浮在凝固的油脂表面。油漂的外圈部分径 14 厘米，作中空的环形管状。外圈环管之内各置有一高 8 厘米、直径 1.2 厘米的铜管，铜管与外围环管之间各以三个铜片作为连接物，合成一体。铜管之内有金属棍穿过，金属棍下端与灯芯固定在一起，上端伸出管外，以固定油漂。油漂外圈环管部缠以丝织物，并系有用线搓成的灯捻数根露于油脂表层之外，以供入葬时点燃。当然地宫石门关闭后，随着氧气的耗尽，长明灯会自然熄灭。

后殿，是地宫的主殿，明代文献称之为“皇堂”。殿内设有棺床一座，棺床的中央部位有方形孔穴，内填黄土，是风水术中所讲的“金井”。棺床上陈设着帝后的棺椁及随葬器物箱，神宗皇帝的棺椁居中，覆金井之上，孝端、孝靖两后棺椁分置左右。随葬器物箱多置棺床两端，计有 26 只，表面均油饰朱漆。由于年代久远，帝后棺椁均已腐朽，其中神宗的稍好，孝端皇后次之，孝靖皇后的则已坍塌，随葬器物箱则全部腐朽塌落，帝后尸体已全部腐烂。此外，棺床右侧偏后的地方还放有孝靖皇后以皇贵妃礼埋葬时随葬的石质圹志及圹志盖，系从东井左侧原葬妃墓迁来。

定陵地宫后殿原状

左右配殿，对称地建于中殿两侧。面宽各 26 米，进深各 7 米，顶高各 7.4 米。两殿内各设有一座棺床，中有“金井”。殿内无任何陈设，也没有棺椁葬入。

五殿的顶部均采用条石发券结构，其断面不细看像个半圆，实际

定陵地宫石门扇上的铺首衔环和门钉

上却是两弧相交，顶部略尖的“锅底券”形制。

五殿共设有石门七座。其中，前、中、后三殿的前部各有一座。每座石门都有制作精致的白石门楼。门楼上雕刻着冰盘檐、庑殿顶式的楼顶，楼顶之上龙吻、通脊、狮形小兽雕刻得非常精细。檐下还各雕石匾，但无字。门洞券内各设对开的石门扇两个。门扇各高 3.3 米，宽 1.7 米，重约 4 吨。门扇为汉白玉石雕成，每个门扇均雕有兽头纹饰的铺首衔环，及纵横各为 9 行的乳状门钉。石门扇形状的设计十分符合力学原理：门轴的一端较厚，约 0.4 米左右，铺首一端较薄，约当门轴端的一半。由于门轴一端较厚，门轴随之加粗，因而可以承受更大的负荷；铺首一端较薄，则减轻了门扇的重量，门轴一端的受力因之减少，特别是门轴的下端采用半球形状，更使门轴下端的摩擦力减小，开关因而更加省力。门扇的上部轴端穿在宽 0.84 米，厚 0.3 米的铜管扇内。管扇两端插在门洞券上部的石壁中，长度在 3.6 米以上。据明万爆《陵工纪事》所载，玄宫的铜管扇为“门之枢纽”，“冶造甚艰”，均由皇帝派遣的太监督造。每座门内还各有顶门用的石条，明朝时称之为“自来石”。其中，前殿石门的自来石上有当时人留下的墨笔楷文：“玄宫七座门自来石俱未验。”

左右两殿各设石门两座。一座在殿前通道内，与中殿相通。另一座设于面朝玄宫后部的方向，通殿外。这四座石门，亦属对开门扇形制，但均无门楼装饰，门扇上也无门钉雕饰。其加工制作则均采用青石石料，各高 2.2 米，宽 0.9 米，上端亦各设铜管扇。四门之内也设有顶门的自来石。

地下宫殿的外部形制，因未经发掘，不能详知。但据万历时期工科给事中何士晋所撰《工部厂库须知》所记，天寿山各陵地宫均有琉璃制作的上伏檐和下伏檐，并且每座地宫都有吻五对、兽头八个。这说明，地宫的外观应该也像地上殿宇那样，是一座有琉璃顶、琉璃吻兽的宫殿式建筑。

四、地下宫殿的取象与文化渊源

定陵的地下宫殿为什么要设计成前、中、后、左、右五室？其布局取象是什么？这种布局方式有何深远的历史文化渊源？这是地宫参观者十分

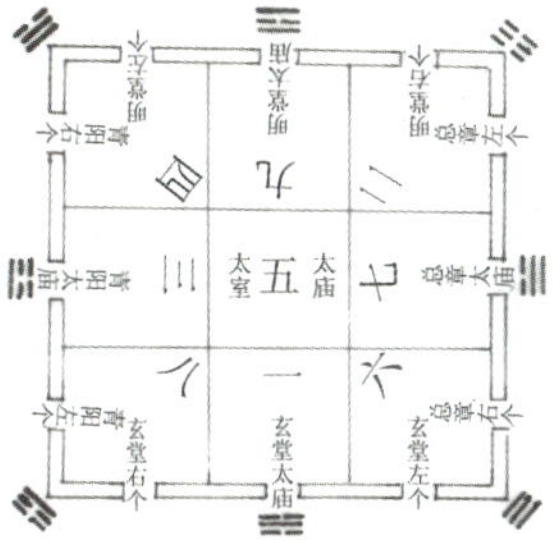

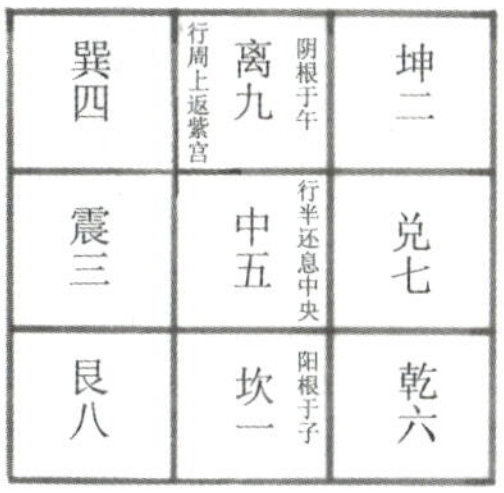

明堂九室图

明堂为古帝王朝诸侯、施政令的礼制性建筑。据《大戴礼记》、《礼记》等文献记载，其平面作规范"井田"的九宫图形。

太一下行九宫图

汉郑玄注《易纬乾凿度》所描绘的太一下行九宫的起止顺序如上图。

古文献中的明堂九室图及太一下行九宫图

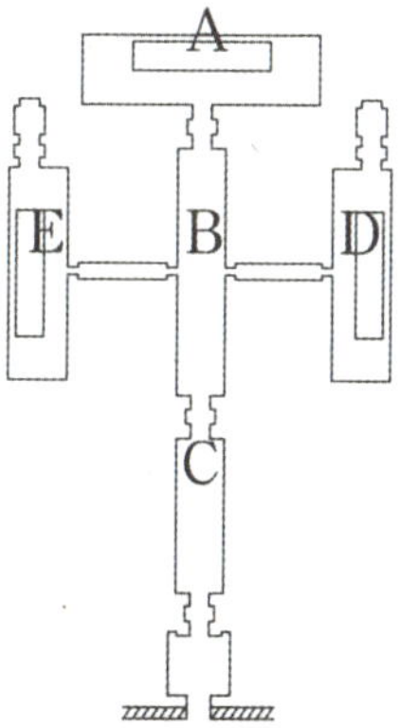

明定陵玄宫平面图

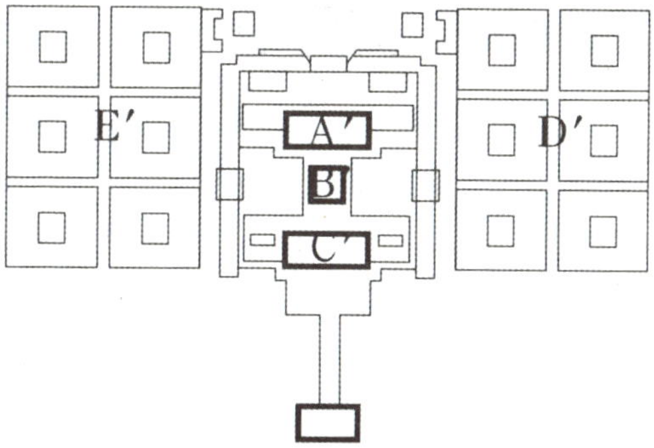

明代皇宫内廷建筑平面图

A.玄宫后殿　B.玄宫中殿　C.玄宫前殿　D.玄宫左配殿　E.玄宫右配殿

A′.坤宁宫　B′.交泰宫　C′.乾清宫　D′.东六宫　E′.西六宫

定陵地宫与明代皇宫内廷建筑布局比较图

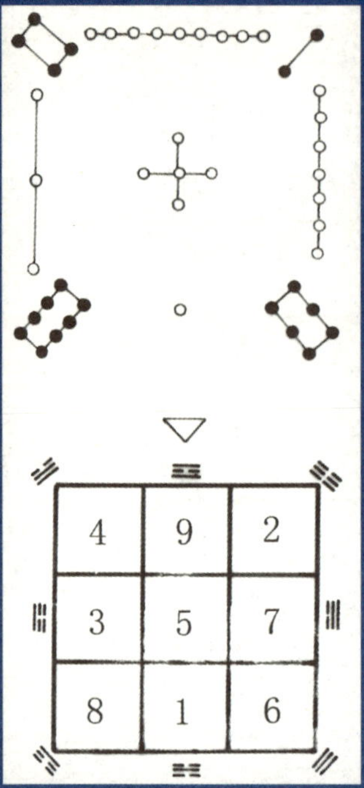

传说中的洛书与九宫图案之间的关系

关心的问题。

据《明世宗实录》记载，长陵等陵的地下宫殿都是仿照“九重法宫”建造的。九重法宫，亦称“法宫”，是古代帝王日常所居的宫殿建筑。在夏、商、周时期，或指帝王所居的路寝建筑，或指其朝诸侯、享上帝、临朔布政的明堂建筑。在明代则指皇宫的内廷建筑或泛指整个皇宫建筑。

从定陵地宫取前、中、后、左、右五个方位看，其取象确源自“九重法宫”的布局。因为，不论是文献记载中的古代的明堂、路寝建筑，还是明朝的皇宫及其内廷建筑，它们的布局也都取前、中、后、左、右五个方位或以这五个方位为基础的布局。以明堂建筑为例。《礼记·明堂阴阳录》记载其布局是“内有太室象紫宫，南出明堂象太微，西出总章象五潢，北出玄堂象营室，东出青阳象天市”。《大戴礼记》也记载明堂建筑“凡九室……二九四、七五三、六一八”。北周卢辩注：“记用九室，谓法龟文，故取此数，以明其制也。”显然，在古人心目中，明堂建筑的布局是取法于龟文。龟文，即洛书。相传，大禹时有神龟出于洛水，背负洛书，其图样呈现“九宫”格局：上面一排点，左边为四个黑点，中间九个白点，右边两个黑点，从右往左念即“二九四”；中间一排，左边为三个白点，中间为五个白点，右边为七个白点，从右往左念即“七五三”；下面一排，左边为八个黑点，中间为一个白点，右边为六个黑点，从右往左念即“六一八”。这一图案古人又称之为九宫图案。

明代的皇宫及其外朝和内廷建筑其实也是取法九宫图案。从皇城大的格局看，其面朝后市，左祖右社，是一个九宫格局；从外朝的布局看，中有三大殿，左有文华殿，右有武英殿，也是一个九宫格局；再从内廷建筑看，中路南有乾清宫，中有交泰殿，后有坤宁宫，东边有东六宫，西边有西六宫，同样是九宫

格局。所以，明人李时勉在《北京赋》中说“若夫其宫室之制，则损益乎黄帝合宫之宜”。而黄帝合宫，在周朝时就是明堂建筑。它的布局与明代的皇宫建筑布局都与九宫格局有关。定陵地下宫殿的取象其实就是明代的法宫——皇宫内廷建筑。其中，地下宫殿的前、中、后三殿相当于内廷建筑中的乾清宫、交泰殿和坤宁宫，象征帝后所居之处，所以帝后棺椁均安放在处于地宫中路的后殿中，三殿的装饰也豪华壮丽；地下宫殿的左右配殿则相当于内廷的东六宫和西六宫，象征妃嫔的居处，由于明代妃嫔殉葬制度结束后，妃嫔们均另有葬地，不入葬帝陵，所以地宫的左右配殿都只是虚设，并无棺椁葬入。这也体现了古代“事死如事生”的礼制观念。

那么，古代的明堂、明代的皇宫，乃至皇帝的墓葬为什么都取九宫式的布局呢？这与古人对九宫图式加以神化和推崇有关。早在奴隶制社会的殷周时期，九宫图案就已成为人们心目中的一个极为神圣的图式。那时，“大而分州，小而井田，莫不以九为则”。它不仅与大禹时代的洛水神龟所负洛书相关，还与太一神下行之宫相关。例如，先秦著作《易纬乾凿度》就记载：“故太一取其数以行九宫。四正四维，皆合十五。”又说：“易，一阴一阳合而为十五之谓道。”显然，这种按洛书数字排列的九宫图案完全被古人神化了。所以，古代的宫室及墓葬建筑奉之若圭臬，把它作为一种神圣的模式加以遵从。

五、珍贵的出土文物

定陵发掘成功后，出土了各类殉葬品近3000件。这些殉葬品件件都是十分珍贵的历史文物。从类别上看，它们有的属于皇宫内的实用物品，不仅具有历史研究意义，而且是价值连城的工艺制品；有的属于丧葬礼制用物，虽然不具有特殊的工艺价值，但却为人们研究明代的丧葬制度，特别是皇家的丧葬制度提供了绝好的实物资料。

神宗皇帝的冕冠 冕冠，是古代帝王及身份显贵的大臣所戴用的一种最高贵的礼冠。它与相关的衣物相配构成冕服。冕服的起源甚古，古文献有“皇帝（黄帝）造冕垂旒”或“胡曹（黄帝时的大臣）作冕”的记载。明朝时只有皇帝、皇太子、亲王、郡王、世子有此种礼服。其服用的场合为祭天地、宗庙、社稷、先农，以及正旦、冬至、圣节、册拜等举行隆重典礼时。定陵出土的冕冠有二顶。一顶出自神宗棺内，另一顶出自随葬物箱内。冕冠的冠卷（帽壳）部分作圆柱形，外蒙以黑纱，内衬以红素绢。冠卷之上覆有前圆后方形状的

“綖”（以桐木板为骨，上贴黑素缎，下贴红素缎）。綖的前后各缀有十二串不同颜色的珠饰，古代称为“旒”或“玉藻”。它象征着五行生克及岁月运转。前面的十二旒垂于帝王眼前，有“蔽明”的作用。表示王者不视非、不视邪。此外冠的两侧还悬有红丝绳和玉瑱。玉瑱由上下两个玉珠穿连组合，塞于耳内，以示王者不听谗言，不听不急之言。冠的总体形象前低后高，以示王者地位虽尊，但却谦恭有礼。

神宗皇帝的皮弁冠 皮弁冠，是仅次于冕冠的一种礼冠。它与绛纱袍、蔽膝等组成朔望视朝、降香、降诏、进表、四夷朝贡、朝觐时服用的礼服。定陵出土的皮弁冠仅一顶。出于神宗棺内。它以细竹丝为胎，内衬红素绢，外敷黑纱，上有十二条缝，缝内各钉包金丝缕，并缀以不同颜色的玉珠和珍珠，导以玉簪，系以红色绦带。

神宗皇帝的乌纱翼善冠 翼善冠，为唐太宗李世民创制并开始戴用。《大唐新语》记载：“贞观八年，太宗初服翼善冠。”冠因“转脚不交向前，其冠缨像‘善’字”而得名。明太祖朱元璋建立明朝后，于洪武三年（1370年）规定，皇帝常朝理政时戴用此冠。定陵出土的乌纱翼善冠计有2顶。一顶戴在神

定陵出土神宗皇帝的乌纱翼善冠

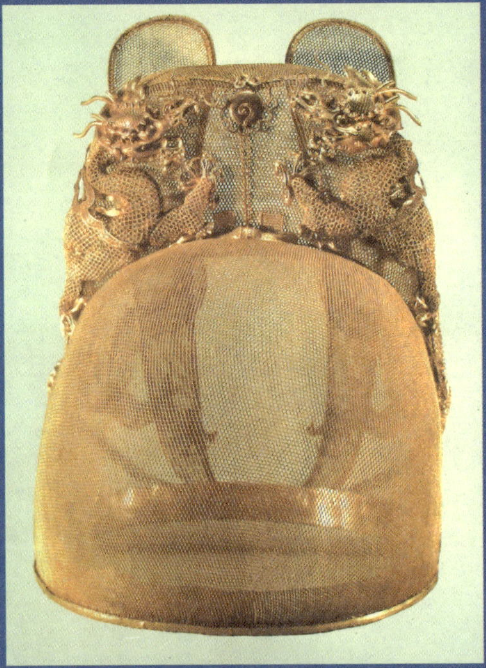

定陵出土神宗皇帝的金丝翼善冠

宗头上，另一顶出自神宗棺内的圆形冠盒内。冠形由“前屋”和“后山”两部分组成。前屋较低、后山隆起。后山之前饰有花丝镶嵌工艺的二龙戏珠图案。二龙均作飞腾状的“行龙”，其尾部绕于后山之后。冠后插有两片向上弯曲的“金折角”。

神宗皇帝的金丝翼善冠 估计是神宗皇帝夏天戴用的。出自神宗头侧的一个圆盒内。这顶金冠虽然也属于皇帝常服冠戴，但制作工艺技巧登峰造极，达到了炉火纯青的地步。冠重826克，高24厘米，直径17.5厘米。其样式与乌纱翼善冠一样，分“前屋”“后山”和“金折角”三部分，但全系金丝编织，又与乌纱翼善冠不同。

皇后的龙凤冠 龙凤冠是一种以龙凤为主要装饰的皇后礼冠，出现于宋代。明朝的龙凤冠为皇后受册、谒庙、朝会时戴用的礼冠，其形制承宋之制而又加以发展和完善，因之更显雍容华贵之美。定陵出土的两位皇后龙凤冠共有四顶，分别为“十二龙九凤冠”“九龙九凤冠”“六龙三凤冠”和“三龙二凤冠”。这四顶龙凤冠造型奇巧，制作精美，并装饰有大量的珍珠宝石。如孝端皇后的六龙三凤冠，六龙均为金制，凤系翠鸟羽毛贴饰。龙凤之间装饰着镶嵌有红蓝两色宝石的大小珠花。珠花周围衬以翠云翠叶，龙腾凤舞、珠宝金翠，色泽艳丽，光彩照人。这一切充分显示了皇后母仪天下的高贵身份。

定陵出土孝端皇后的六龙三凤冠

神宗皇帝的衮服 衮服，简称“衮”，与冕冠合称为“衮冕”，是古代最尊贵的礼服之一。《大明会典》记载，永乐三年所定皇帝衮服由“衣”“裳”等部分组成。“衣”着于上身，“裳”着于下体。衣为玄色（黑色），裳为纁色（浅红）。衣、裳之上共有十二种图案，名为“十

定陵出土神宗皇帝的袍式衮服

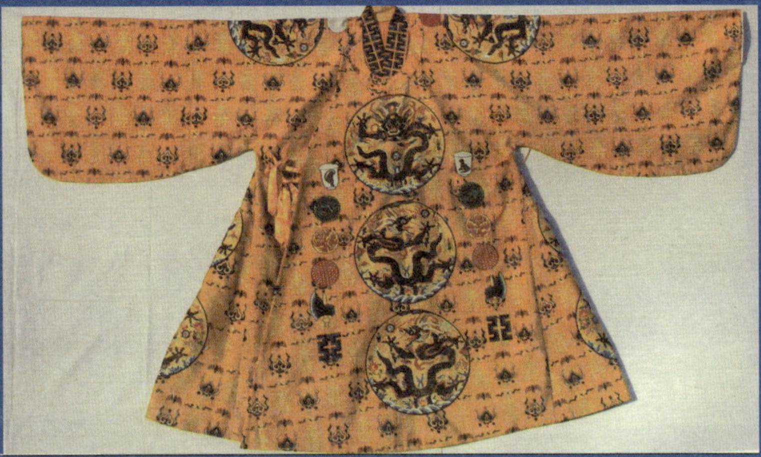

袍式衮服复制品

定陵出土孝靖皇后
的刺绣百子衣

二章”。定陵出土的衮服共有五件，却都是长袍形式。且从神宗尸体穿着此服，而头上却戴乌纱翼善冠看，它并不是与冕冠相配组成配套服饰。这种形式的衮服，除定陵出土外，目前仅见于宫廷所传明代皇帝画像中。衮服上有象征帝王权力和美德的日、月、星辰、山、龙、华虫（雉鸡）、宗彝（杯状祭器）、藻（水草有纹者）、火、粉米、黼（斧形图案）、黻（弫形图案）十二章图案。

孝靖皇后的刺绣百子衣，计2件，均出自孝靖皇后的棺内。样式均为方领，对开襟的夹衣。衣上所绣百子图案精彩生动。百子图案分组布置，各组画面上的童子从1到6人数不等，共组成40余个场面。每个场面儿童的嬉戏方式和神情各不相同，有的斗蟋蟀、戏金鱼，有的练武、摔跤、踢毽子，有的爬树摘果，有的站凳采桃，有的放风筝、玩陀螺，有的放爆竹、捉迷藏，有的扮作教书先生处罚弟子，有的学武松打虎姿态揪打花猫……儿童天真活泼的神情刻画得惟妙惟肖、淋漓尽致。

大金盆　定陵出土的金盆共有9件。分别出自帝后棺内及器物箱之中。盆上一般刻有云纹及龙戏珠、龙赶珠图案。其中3件为素面，但卷沿内分别置有可以滚动的金属球，金盆摇动时，球与盆沿相碰，可不时发出清脆响声，其设计制作可谓别有新意。三盆中有一盆刻有铭文：“大明万历庚申年银作局制金盆一个重八十两”。

金托玉爵　爵，是古代一种小型酒器。这件金托玉爵，出自神宗棺内。爵用白玉琢成，器身略呈元宝形。器腹呈椭圆形，内深，可容酒。其前部较长、尖头，称为“流”，是对口饮酒的部位。其后部呈圆头，稍短，称为“尾”。器腹的左右壁对称地琢有一对突起的圆头，名为“柱”。器腹右壁之外琢有把手，名称“鋬”。器身下有三腿，名为“足”。此爵基本形制虽承古制，流、尾、柱、鋬、足俱备，但装饰图案却极为精妙。特别是爵鋬的设计制作，尤其匠心独运，构思不凡。爵鋬的造型是一条龙。龙的前爪在上，用爪攀住爵沿，

定陵出土金托玉爵

头部上伸，口贴爵柱根部，好像嗅到了香味，也想品尝一下爵中的玉液琼浆。龙的后爪在下，左右分开，紧抓爵壁，龙尾上卷，似乎在维系龙体的平衡。腹部则呈弓起之形，又呈蓄势跃起之态。这样的设计不仅使玉龙活灵活现，极为生动，也使龙腹与爵壁之间有了一个可容一指插入的空隙。持爵人将食指插入其间，端爵而起，便可开怀畅饮了。

定陵出土玉耳坠

金环镶宝玉兔耳坠 出自孝靖皇后棺内，系孝靖皇后的随葬耳饰。这件耳坠，通高 5.8 厘米，重 5.5 克。其用于贯穿耳部的金环为圆形。其下连缀有一个高仅 2.4 厘米的玉兔坠饰。玉兔的造型取材于古老的“玉兔捣药”神话传说。玉兔垂直站立，前面两肢合抱一玉杵，似在举杵用力捣药。杵下雕有玉臼。玉兔的头顶上镶有一颗红宝石，作为金环与玉兔之间的过渡性装饰。玉兔的下肢，双爪踏着一组镶宝金制“祥云”。宝石的种类有红宝石，还有猫睛石。玉兔的双目则以小米粒大小的红宝石点缀，显得炯炯有神，其构思不同凡响，真可谓是妙笔生花。

庆陵

明光宗朱常洛之陵

庆陵位于黄山寺二岭南麓，是明朝第十四位皇帝光宗朱常洛和皇后郭氏、王氏、刘氏的合葬陵寝。黄山寺二岭南麓，又有“景泰洼”之名。这是因为景泰帝朱祁钰在位时曾在这里建造了自己的陵园，并埋葬了皇后杭氏。后来，英宗复辟，派人将陵园拆毁，致使该地成为一片废墟。庆陵则是在这片废墟中重新建造起的陵园。

一、明光宗朱常洛——明代享国最短的皇帝

明光宗朱常洛，神宗长子，万历十年（1582年）八月十一日生，二十九年（1601年）十月十五日立为皇太子，四十八年（1620年）八月一日即皇帝位，九月一日逝于乾清宫，年39岁，谥崇天契道英睿恭纯宪文景武渊仁懿孝贞皇帝，天启元年（1621年）九月四日葬庆陵。鉴于光宗在位时没来得及改元，没有自己的年号，熹宗即位，改万历四十八年八月以后为泰昌元年。

朱常洛在位时间极短，仅为一个月，是明代享国时间最短的皇帝。他一生经历也比较坎坷。首先是其父神宗有意立郑贵妃所生的皇三子朱常洵为太子，所以他虽是神宗的长子，但却迟迟不能立为太子，直到后来祖母孝定李太后亲自出面干预，他的皇太子身份才被确定下来。但郑贵妃一直恃宠在暗中策划谋取皇太子之位，甚至不择手段对光宗进行谋害。

光宗在当太子的时候，侍卫不过数人，且常托疾不去。所以，万历四十三年（1615年）五月四日，光宗居住的慈庆宫发生了一起惊人的事件。那天傍晚，有个手持枣木棍的男子，居然打倒守卫宫门的内臣，一直闯到前殿檐下，被内官捉住。后经法司会审，案情大体清楚，原来这个案子与郑贵妃的内臣有关。此案由于神宗的干预，没有彻底查清就草草了结。《明史》称此案为“梃击案”。

庆陵棂星门与明楼

此后，在朱常洛当了皇帝后，又有一件案子与郑贵妃有关。朱常洛刚刚登极10天，就身染重病。这时，有郑贵妃的心腹内医崔文升给光宗看病，他故意让光宗服下了含有大黄

成分的凉药，致使光宗腹泻不止，病势更加沉重。接着，又有鸿胪寺丞李可灼自称有“仙丹”可治皇帝之病。光宗初服一丸，觉暖润舒畅，思进饮食，再服一丸，竟在当天夜里死去。《明史》称此案为“红丸案”。

孝元贞皇后郭氏画像

光宗短短的帝王生涯中，虽然在朝政上没有什么大的更新举措，且大部分时间是在病榻上度过的，但也做了两件于朝廷有益的事。一是遵奉遗诏，罢除派往各地的矿监、税使，起用万历年间因建言而获罪的大臣。这一举措无疑对减轻人民的负担和维护朝政的稳定具有一定的积极作用。二是起用刘一燝、韩爌等东林党人入阁参与机务，并召还曾经翼护过自己的致仕内阁大学士叶向高，使以方从哲为首的浙党势力有所削弱，为东林党人在天启初年的参政活动奠定了基础。

孝和皇后王氏画像

另外，就个人爱好而言，光宗不仅“讲学之暇，好挥洒大字匾额、对联，以赐青宫左右”，而且“喜射，又乐观戏”。但却均无深厚造诣。

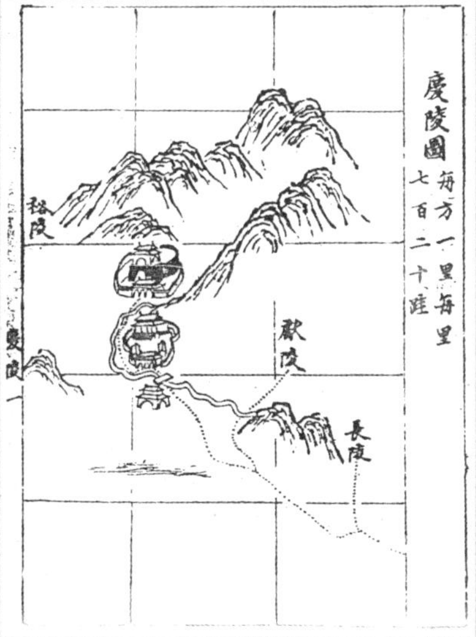

清梁份《帝陵图说》中的《庆陵图》

与光宗同葬庆陵的三位皇后是：孝元贞皇后郭氏，生前为皇太子妃。万历四十一年（1613年）去世，葬天寿山泰陵园后长岭之前。熹宗即位，尊

孝纯皇后刘氏画像

庆陵明楼前的神道及龙砂

为皇后，迁葬庆陵。孝和皇后王氏，熹宗生母，生前为才人。万历四十七年(1619年）去世，熹宗即位，追尊为太后，与光宗一起葬庆陵。孝纯皇后刘氏，崇祯帝生母，生前为淑女。因失光宗意，被打入冷宫，病死，葬京西金山。崇祯帝即位，追尊为皇太后，迁葬庆陵。

二、陵寝营建与陵寝建筑特点

《明熹宗实录》记载，光宗皇帝死后，熹宗于泰昌元年（1620年）十月十日派遣大学士刘一燝和礼部尚书孙如游前往天寿山卜选陵地。经反复察看，上奏熹宗说：“皇山二岭最吉”，“至贵至尊，所有潭峪、祥子岭俱不能及。”并附有形势图。熹宗看了图，觉得很满意，即命择日兴工。天启元年(1621年）正月十九日，庆陵正式启土动工。在开穴过程中遇石，御史傅宗龙认为不可用。礼部集群臣会视，众人疑虑不敢确定。后经精通风水术的制敕房中书官陈明晰前往复视，才最后确定陵址。

庆陵前院琉璃花门琉璃盒子

庆陵陵墙下的地下排水涵洞洞口

该陵从天启元年(1621年)三月定穴兴工，历时四个月建成玄宫，天启六年六月，陵寝全部建成。其陵寝建筑特点是：第一，以往各陵玄宫均砖石并用，而庆陵全部用石，且“后、中、前殿，重门相隔”，似已省去了左右配殿。第二，地宫棺床原设计只能容纳光宗和孝元、孝和两位皇后棺椁。陵园营建负责人内官监管理王敬、翟应奎创议，又在原设计尺寸之上“加尺若干”，崇祯帝即位迁葬母后，棺床上恰好容纳一帝三后棺椁。第三，该陵规制，初拟一准昭陵，后来大学士刘一燝复视庆陵工程，认为：“新陵营造规制，原题比照昭陵。今相度形势，似又宜参酌献陵。”于是建成了像献陵那样的中隔小山，前有享殿，后有明楼宝城，两处院落分处山前、山后的格局。第四，该陵排水系统与众不同。宝城两侧山壑间的水流，其他陵园都是用明沟排水的方式从陵前绕道排出。而庆陵则在明楼前修建平面为“T”形的地下排水涵洞，涵洞修建十分考究，全为大块条石起券，券顶高3米，券宽3.5米，总长200余米。宝城两侧的水流从左右宫墙下的地下涵洞流入，在明楼前的地下汇为一流向前排出，从地下躲过环抱于前的龙砂，然后注入砂前的排水明沟，经祾恩殿后的三座石桥，从前院的右侧绕过陵前注入河漕。这种考虑精到的排水方法不仅适应了风水之说的“水绕山缠”和“龙砂不可损伤”的要求，而且使陵园景观更加幽美。

德陵

明熹宗朱由校之陵

德陵位于潭峪岭西麓，是明朝第十五位皇帝熹宗朱由校和皇后张氏的合葬陵寝。

一、明熹宗朱由校——痴迷木工活的少年天子

熹宗朱由校，光宗长子，万历三十三年（1605年）十一月十四日生，泰昌元年（1620年）九月六日即皇帝位，次年改元天启。天启七年（1627年）八月二十二日去世，年23岁，谥达天阐道敦孝笃友章文襄武靖穆庄勤悊皇帝。崇祯元年（1628年）三月八日葬德陵。

熹宗是个昏愦不务正业的皇帝。他在位期间，一些地方已爆发了农民起义，后金又攻取了辽阳、沈阳，进逼锦州，但他对这些事情却都不放在心上。

文献记载，熹宗“性至巧，多艺能，尤喜营造”。他经常自操斧斤锯凿，制作小楼阁，“雕镂精绝，即巧工亦莫能及”。干得高兴时，甚至不顾皇帝的尊严，解衣裸体，随地盘坐。他“不爱成器，不惜天物”，随意拆改，以供片时之乐。

熹宗把全部心思用在营造游戏和玩乐之中，遂无暇顾及朝事。宫廷中他最宠信两个人。一个是他的乳母客氏，另一个是司礼监秉笔太监魏忠贤。这两个人恃宠妄为，成为左右宫廷内外大事的显赫人物。

客氏，原系河北定兴县民侯二（或作“侯巴儿”）之妻，18 岁时被选为熹宗乳母。不久，她的丈夫死去，泰昌元年冬，熹宗封她为“奉圣夫人”。她侍奉熹宗 16 载。熹宗认为她“业业兢兢，节宣周慎，艰险备尝”，对她十分感恩。她倚恃熹宗的恩宠，遂致“供帐侈丽，威行宫掖”。

新修葺的德陵陵门

德陵祾恩殿遗址

德陵棂星门石柱

司礼监秉笔太监魏忠贤原是河北肃宁的一个无赖，通过客氏，被熹宗任命为司礼监秉笔太监，很得熹宗信任。他利用替皇帝处理奏章的权力在朝内培植自己的党羽，形成了一个政治上极为腐朽的官僚集团，历史上称为“阉党”。魏忠贤内有客氏支持，外有“阉党”策应，遂擅作威福。

客、魏二人在宫内外横行霸道，对反对他（她）们的大臣则罗织罪名，残酷迫害。甚至连皇帝的皇后、妃子他们也敢不择手段地加以陷害。而熹宗却始终把客、魏二人当作心腹看待，恩宠备至。

天启五年（1625年）五月十八日，熹宗祭方泽坛（地坛）回来，接着到西苑游玩。熹宗与两个十七八岁的小内侍在桥北深水处，划着小船荡漾绿波之中。玩得正高兴，突然一阵大风把小船刮翻，三人全部落入水中。熹宗受此一惊，染病在身。天启七年（1627年），熹宗病情越来越重，因屡治无效，死于懋勤殿。临死之前，他还召集阁、部、科、道官员说魏忠贤和他的爪牙王体乾“忠贞，可计大事”，真是至死执迷不悟，难怪清朝的乾隆皇帝说他“童呆”。

葬在德陵里的还有熹宗的懿安皇后张氏。她在崇祯十七年（1644年）李自成农民起义军攻入北京后自杀身亡。顺治元年（1644年），清王朝下令将她葬入德陵。

二、陵寝营建与陵寝特点

德陵，是明代营建的最后一座帝陵。该陵始建于天启七年（1627年）九月。那时，熹宗朱由校过世不久，崇祯皇帝刚刚御极，明王朝面临着严重的政治和经济危机。所以，德陵的营建首先便遇到了财政匮乏、资金短缺的问题。工部为营建德陵向崇祯皇帝请示："各陵，长陵、永陵、定陵为壮丽，而皆费至八百余万。今议照庆陵规制，可省钱粮数百万。查庆陵曾发内帑百万，谨援例以请。"但崇祯皇帝经过一番筹措，却只能拨给50万两白银，还反复"叮咛告诫，以期速成"。按照管工官员和大臣们的合计，德陵的营建需用白银200万两，50万两白银要建起一座帝陵是绝对不够的。为此，工部只好向崇祯皇帝建议：一、现有钱粮先用于玄宫、宝城、明楼的修建；二、命内外大小官员捐助工银（按修建三大殿例捐俸）；三、向各州县加派；四、继续开纳事例银。后来，工部又会同户部题请按天启六年（1626年）殿工例，加各运司盐课银。这些建议很快得到崇祯皇帝同意。于是，在朝大臣开始解囊捐

德陵圣号碑

德陵陵前五空桥

助，各府州、县加派银两及开纳事例银，以及加各运司盐课银等事宜也先后启动，德陵的营建工程才得以按部就班进行。

崇祯五年（1632年）二月，德陵建成。其总体布局仿照昭陵，但宝城内的琉璃照壁和牌楼门前的三座门却都是仿照庆陵的。德陵圣号碑碑趺的雕饰尤具特色。其他各陵圣号碑碑趺所饰图案一般以云龙为主，德陵则上枋雕二龙戏珠，下枋雕饰佛、道两家的吉祥宝物。下枋的前面和左右两侧面雕刻的是道教的“八宝”（或称杂宝）图案，有三套环、宝珠、画、犀角、珊瑚、方胜、祥云等；背面雕刻的是佛教的“八吉祥”图案，有法螺、法轮、宝伞、白盖、莲花、宝瓶、金鱼、盘长八种法物。

德陵三座门中门

此外，德陵的“风水”取“水限山”的形局也颇为特殊。所谓“水限山”是指主山前左

右两水相交的范围较小，“大水直探穴场”，中难立“穴”，因此，必须“以左右为区穴”，将“穴”点于旁山的脉止之处。这种风水形局虽非上吉之地，倒也可用。德陵的宝城按照一般的风水格局本应建在陵后主山之前，左右两水相交的范围以内，但由于该陵主山两侧的左右界水紧贴山脚而行，两水相交的范围内不足以营建玄宫、宝城，所以，该陵的玄宫、宝城只好建在了左侧的水流之前，并以主山左前方龙砂山的脉止处为区穴。德陵的这种特殊的风水形局反映了明朝末年天寿山陵区已经很难找到合乎风水理论的“上吉”之地这一史实。

德陵建成后，曾于崇祯九年（1636 年）被清兵焚毁。清兵北撤后，明朝又加以复建。清乾隆五十至五十二年（1785—1787 年）修缮明十三陵时，德陵的部分建筑在修缮中改变了原有形制。

德陵明楼

思陵

明崇祯帝朱由检之陵

思陵，位于陵区西南隅的鹿马山（又名锦屏山或锦壁山）南麓，是明朝最后一帝崇祯帝朱由检及皇后周氏、皇贵妃田氏的合葬陵墓，也是天寿山陵区内唯一一座由妃坟升格为帝陵的陵墓。

一、明崇祯帝朱由检——自认为“非亡国之君”的亡国之君

崇祯皇帝书法

崇祯皇帝朱由检，光宗第五子，万历三十八年（1610年）十二月二十四日生；天启二年（1622年）九月二十二日封信王，七年（1627年）八月二十四日即皇位于中极殿，次年改元崇祯。崇祯十七年（1644年）三月十九日自缢身亡，同年四月四日入葬。崇祯皇帝在明代诸帝中是个比较注意恭俭和颇为勤政的皇帝。文献记载，他即位后，以封疆多事，“罢苏杭织造”，又“禁衣饰侈僭及妇女金冠袍带等”，自己的御用之物，也用铜锡或木制品。他还经常召对群臣，“非盛暑祁寒，日御文华殿与辅臣议政”，批阅章奏，议论时政常至深夜。

由于崇祯帝比较勤政，而其他各代亡国之君多荒淫无道或不理朝政，故历史上的一些史学家认为，崇祯皇帝的亡国是“有君无臣，祸贻邦国”所致。崇祯皇帝自己也认为，自己不是“亡国之君”，而大臣们都是“亡国之臣”。其实通观崇祯帝治业的成败，其亡国的原因是多方面的。

崇祯帝临国之初，以魏忠贤为首的阉党还把持着朝政。朝廷上下，吏治腐败，贪污成风，政治十分黑暗。所以，崇祯帝初入皇宫，保持了较为清醒的头脑。他先剪除魏忠贤的羽翼，最后惩治魏忠贤。紧接着，崇祯帝又调整了内阁班底，先后罢免了依附魏忠贤的黄立极、施凤来、张瑞图、李国楷四名内阁成员。同时，“大计天下吏”，痛扫阉党余孽。崇祯帝还根据翰林院编修倪元璐的建议，为遭迫害的东林党人平反翻案，下令尽撤各处镇守内臣，改由督抚专理边政。崇祯帝的这些政治措施使阉党势力受到了沉重打击，“朝端渐见清明”，对巩固崇祯初期的政治统治起了很大作用。

但崇祯帝即位时，由于内忧外患的严重，明朝已是日薄西山、奄奄一息了。

东北地区，后金势力日益强大，辽东重镇已经失陷。西北地区，更是连年干旱，蝗虫遍地，颗粒无收。老百姓不得不吃蓬草、剥树皮，甚至以泥土、石粉充饥，出现了“炊人骨以为薪，煮人肉以为食”的情况，各地农民起义此伏彼起。特别是王嘉胤、高迎祥领导的农民起义军，攻城陷地，声势越来越大。

面临这严峻的形势，崇祯帝为扭转危局过于急躁，对吏治的整治不当，且存在心胸狭窄，喜奉迎，恶直言和任人不当，多猜疑，重诛杀等诸多问题，终于使他励精图治、中兴明室的愿望彻底破灭，国家形势变得一发不可收拾。崇祯十七年（1644年）三月，李自成领导的农民起义军攻到北京城。十八日，太监曹化淳开彰义门投降。当天夜里，崇祯帝登万岁山（即今景山）四望，见大势已去，便易服带佩刀，欲夺正阳门而出。守门军不明情况，以为皇宫内变，返炮拒击，崇祯帝未能出城。返回皇宫，崇祯帝对皇后周氏说：“大事去矣，尔为天下母，宜死！”皇后也相对恸哭说：“妾事陛下十八年，卒不听一语，今日同死社稷，亦复何所恨。”皇后周氏遂自缢而死。崇祯帝自知日暮途穷，连喝数杯酒，下令两宫及懿安皇后自尽，传太子及二王改装出走，又入寿宁宫，剑砍长平公主左臂，杀昭仁公主于昭仁殿。天将曙明，崇祯帝御前殿鸣钟集百官，想孤注一掷，作最后挣扎，但大臣们一个也

崇祯皇帝自缢处

没到。崇祯帝走投无路，只好登上万岁山，在寿皇亭旁的树下自缢而死。死时“披发跣左足，右朱履，衣前书曰：‘朕自登极十七年，逆贼直逼京师，虽朕薄德匪躬，上干天怒，然皆诸臣之误朕也。朕无面目见祖宗于地下，去朕冠冕，以发覆面，任贼分裂朕尸，勿伤百姓一人。’”太监王承恩随崇祯帝一同上山，遂再拜恸哭，在崇祯帝前跪缢而死。

思陵陵前石碑

崇祯帝死后，南明弘光政权（福王），为他定庙号为思宗，谥烈皇帝。后以“思”非美谥，改庙号为毅宗。隆武（唐王）时，又定庙号为威宗。清军入关，初定崇祯帝庙号为怀宗，谥端皇帝。后以“兴朝谥前代之君，礼不称宗”，于顺治十六年（1659年）十一月，去其庙号，改谥为庄烈愍皇帝。

二、崇祯帝的安葬

崇祯十七年三月十九日午，李自成农民军攻入皇宫。在清宫过程中，没有找到崇祯帝。李自成下令“献帝者，赏万金，封伯爵；匿者，灭族”。二十日午，才发现崇祯帝已自缢身亡。李自成命人用两扇门板将帝后尸体停在东华门侧，装入柳木棺内，搭盖了临时灵棚。二十三日重新改殡，以红漆棺殡帝，黝漆棺殡周后。崇祯帝头戴翼善冠，身着衮玉渗金袍，周后亦依制加袍带。

帝后棺椁在东华门所设灵棚连停数日，明朝的官员都不敢去看。只有襄城伯李国桢“泥首去帻，踉跄奔赴，跪梓宫前大哭”。农民军将他抓住见李自成。他“以头触阶，血流被面”。李自成劝李国桢投降。李国桢说：让我投降必须答应三件事：一是明代帝王陵寝不能发掘破坏；二是用天子礼葬崇祯皇帝；三是不能加害太子及二王。李自成一一答应。但难办的是崇祯帝生前并没有预建陵寝。其原因按清查继佐《罪惟录》记载是这样的：“崇祯初年，徧求天寿无吉壤。至十三年，始召刘诚意孔昭（诚意伯刘孔昭）及张真人甲（真人张甲），协视地，得蓟州凤台山（清代又作“昌瑞山”或“丰台岭”，即今河北遵化清东陵所在地）。云地善而难得治陵起工之吉，吉在甲申（崇祯十七年）以后，不及事。”于是李自成农民军只好决定将崇祯帝、后葬入崇祯帝宠妃皇贵妃田氏墓中。

思陵石五供烛台局部

皇贵妃田氏，陕西人，左都督田弘遇女。崇祯元年（1628年）封礼妃，进皇贵妃。田氏“生而纤妍，性寡言，多才艺”，尤善抚琴，生皇子四人。崇祯十三年（1640年），所生皇五子病逝，田妃从此忧郁患病。崇祯十五年（1642年）七月去世，谥恭淑端惠静怀皇贵妃，崇祯十七年（1644年）正月二十三日葬入天寿山陵区鹿马山南麓的坟园内。当时的田氏坟园只有地下宫殿，地

思陵石五供

上建筑还没有修建。

三月二十五日，大顺政权顺天府官李票（或作李纸票，文献记不一）为开田贵妃墓一事，责令昌平州官吏“即动官银催夫速开田妃圹，合葬崇祯先帝及周皇后梓宫。四月初三日发引，初四日下葬，毋违时刻。”可是，因为当时昌平州“钞库如洗”，而葬期又十分紧迫，时任署昌平州吏目的赵一桂只好与监葬官礼部主事许作梅商议，带上工房人员冯朝锦入京禀报顺天府。经再三请示，府官始朱批：“着该州各铺户捐挪应用，事完再议。”

赵一桂回州后，随即组织募捐。先后有十人捐钱共 350 千文（约合银 233.6

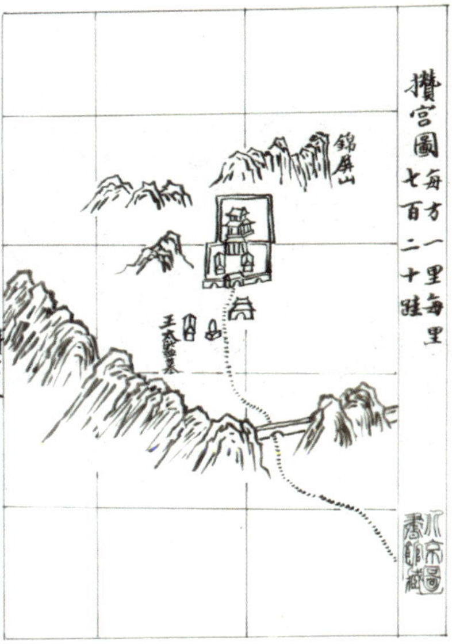

清梁份《帝陵图说》中的《攒宫图》

思陵石五供香炉

思陵院落内景

两)。仅用这点钱，赵一桂等人就完成了雇夫头包揽开挖、掩埋隧道，搭盖灵棚，购买祭品，打造开启地宫石门的拐钉钥匙，开石门，伺候安葬人员酒饭等一应安葬事宜。

隧道的开挖用了四昼夜的时间。打开两道石门后，发现其地宫由前后两殿组成。前殿三开间，中间悬挂万年灯两盏，万年灯的灯油仅有二三寸深，下面都是水。殿内还陈设有石香案，香案两边放着五彩绸缎侍从宫人。田妃生前所用器物衣服均放在大红箱内。东间设有石寝床，上面铺着栽绒毯，叠放着被、褥、龙枕等物。后殿通长九间，也设有石床（高一尺五寸，阔一丈），上面停放着田妃棺椁。

思陵院内古松

崇祯帝和周皇后的棺木运到地宫后，人们先将田妃棺从椁内抬出，放在右侧，然后将周皇后之棺放在左侧，最后将崇祯帝的棺放在田妃椁中。接着点起万年灯、关闭石门、填平隧道。后来，赵一桂等人又为崇祯帝堆起坟头，买砖修筑了五尺高的围墙。

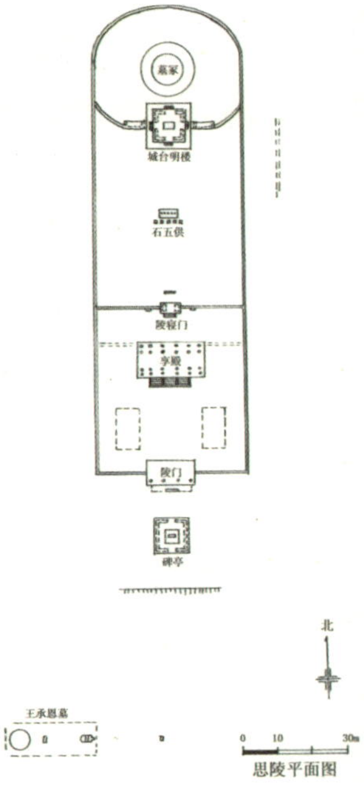

思陵平面图

三、崇祯帝的改葬和思陵营建

思陵圣号碑

清军入关后，为笼络汉族地主阶级为朝廷效力，清廷于顺治元年（1644 年）五月下令按帝礼为崇祯帝举行改葬仪式，并将这座葬有崇祯帝的妃子坟命名为“思陵”，下令营建地上园寝建筑。

顺治二年（1645 年）九月，改葬崇祯帝后完毕。紧接着开始营建享殿等地面建筑。建成后的思陵名曰帝陵，其实在规模上还不如妃子坟。仅有前后两进狭小的院落，无宝城，无明楼。第一进院落之前设门三座。院内建左右配殿和享殿各三间，均为单檐式建筑。享殿内有暖阁、几案，几案上供奉写着“怀宗端皇帝”字样的神位。第二进院落前设门三座，院内沿中轴线由前而后设碑亭一座、石供器两套，再后则为坟冢。其中，碑亭有榜额。金书“思陵”二字。亭内立石碑，篆额“大明”，亦金字，碑刻“怀宗端皇帝之陵”。石供器两套，前后分列。前套石供器计有五件：中为方鼎式香炉，两侧为烛台，再侧为花瓶，五件供器雕饰繁复，且各有石座，与其余 12 陵不同；后一套石供器，下面是一个四腿随势弯曲，足部外翻，顶部内收的翘头式闷户橱形的石案，石案之上陈设橘、柿、石榴、寿桃、佛手五种石雕果盘。院内的焚帛处没有设神帛炉，只设一个方数尺、深五寸的石坎。顺治十六年（1659 年）二月，清廷又在陵前增建了碑亭一座。亭内石碑，篆额“敕建”二字。碑阳刻顺治年间吏部尚书、中和殿大学士金之俊奉敕撰写的《皇清敕建明崇祯帝碑记》。陵内碑亭内石碑上刻写的“怀宗端皇帝之陵”，也因清朝将崇祯帝的庙号去掉并改动了谥号，而改刻成了只有

王承恩墓

谥号而无庙号的“庄烈愍皇帝之陵”。

清乾隆年间，曾先后两次对思陵修缮，使思陵的陵寝建筑又发生了一些变化。

乾隆十一年（1746年）修缮时，因“其配殿六间久经倾圮，且地基窄狭”，而没有修复配殿。乾隆五十年至五十二年（1785—1787年）修缮时，因顺治年间所建思陵，“一切明楼、享殿之制未大备”，清高宗特命“重为修葺，悉如别陵”。因此，在该次修缮中，陵门中门由面阔一间扩成了三间；享殿由三间扩建为五间；墓冢周围的墙体加砌垛墙，前面增筑城台，并将石供器前的碑亭和石碑移建到新建的城台上，成为明楼，经过这样的改建，思陵的确有几分和其他陵相似了。

思陵在日伪统治时期曾两次被土匪盗发。相传地宫里仅剩下做万年灯的铜缸了。

思陵所在地多雷电，陵园内外虽有古松，但均因顶部枝杈遭雷击折断而成为“歪脖树”，有不少人由此联想到崇祯帝的自缢，以为是天意使然。

思陵的右前方还有一座太监墓，埋葬着与崇祯帝一起自缢煤山的司礼监秉笔太监王承恩。

下 篇

两座由王坟改建而成的帝陵

明朝帝陵中，有两座是由王坟改建而成的帝陵。一座是位于京西金山南麓的景泰帝陵，另一座是位于湖北钟祥纯德山麓的显陵。这两座帝陵虽然都是由王坟改建而成，规模却相差悬殊。景泰帝生前当过七年皇帝，后来被废，死后以

显陵陵寝门与明楼

万历十一年闰二月神宗拜谒金山景泰帝陵及恭让章皇后陵寝后乘船返回京城

王礼安葬。他没有后代延续，故帝号虽被恢复，王坟也改称帝陵，但不过是改改瓦的颜色，增加碑亭一类的一些附属建筑，而主体建筑并无大改。显陵墓主生前虽没有当过皇帝，但他的儿子后来当了皇帝，父以子贵，因而其陵墓建筑便达到真正的帝陵标准了。

景泰帝陵

明代宗朱祁钰之陵

景泰帝陵，位于京西金山南麓，是明朝第七位皇帝朱祁钰与皇后汪氏的合葬陵墓。

景泰帝陵碑亭

一、明代宗朱祁钰——有功社稷的君王

明代宗朱祁钰，宣宗皇帝次子，明英宗朱祁镇的异母弟，母为贤妃吴氏。他生于宣德三年（1428 年）八月三日，比英宗小一岁。

朱祁钰在英宗即位后被封为郕王。正统十四年（1449 年）八月“土木之变”时，朱祁钰奉命留守京师。为应付这突如其来的严峻形势，皇太后孙氏下诏命其监国，接见百官，处理国事。在此期间，朱祁钰在军事方面采取了一系列应急措施。如，升兵部侍郎于谦为兵部尚书，派遣将官分镇宣府、居庸关、紫荆关要隘，组织人员前往通州，将官仓储粮运往京师等。但朱祁钰只是个监国者，毕竟缺少皇帝的权威，这对政令的推行及民心的安定都十分不利。为此，于谦等人于九月一日联合朝中大臣对皇太后孙氏说：“国有长君，社稷之福”，建议让朱祁钰即皇帝位以安人心。此议得到皇太后的同意，朱祁钰几经推辞后，于九月六日即皇帝位。并尊其母吴氏为皇太后，次年改元景泰。

朱祁钰即位后倚重于谦等主战派大臣，整饬军备，抗击瓦剌军的大举进犯，

景泰帝陵碑

取得了北京保卫战的胜利，使明朝避免了南宋偏安的被动局面。此后，他又根据于谦的建议，将瓦剌南下时明军先后弃守的独石、马营、赤城、云州、李家庄、雕鹗、龙门、长安岭八处关隘城池全部收复，派军守备，形成了巩固的京北防线。他还支持于谦改革京营军制。过去京营由五军营、三千营和神机营三大营组成，三大营各有总兵官，不相统一。一遇临期调拨，官兵彼此不识，难于调遣。京营改制之后，三大营十万精兵分为五营团练，使各级军官与军士在团操中相识，并各知所长，扭转了过去京营混乱不堪、战斗力低下的局面。

朱祁钰对其他官员的任用也做到了量才适用，选贤任能。他委任官员，一般都先征询于谦的意见，于谦则出以公心，秉实谈出自己的看法。因此，景泰一朝在官员的任用上一般都比较合宜。但朱祁钰也有处理不够得体的一些事。如贪恋皇位，对迎复英宗回归态度冷漠，废英宗之子朱见浚（即宪宗朱见深）的皇太子之位，改立自己的儿子朱见济为皇太子等，颇受后人指摘。

景泰七年（1456年）底，景泰帝身染重病，卧床不起，次年

景泰帝陵陵门

(1457年）正月十二日勉强去南郊祭天，终因体力不支，未能亲自行礼。就在景泰帝病势越来越重的时候，左副都御史徐有贞、武清侯石亨、太监曹吉祥、都督张軏等发动了“夺门之变”。英宗再次登上大宝之位。二月一日景泰帝被废为郕王，迁往西内。其母吴氏仍称贤妃。十九日景泰帝去世，其死因，不见正史记录，只有明陆釴《病逸漫记》记称系宦官蒋安以帛勒死。英宗赐谥号为戾。享年30岁，以王礼葬京西金山。成化十一年(1475年）十二月，宪宗为其恢复帝号，改谥为恭仁康定景皇帝。南明弘光帝（安宗）朱由崧即位后定其庙号为代宗。

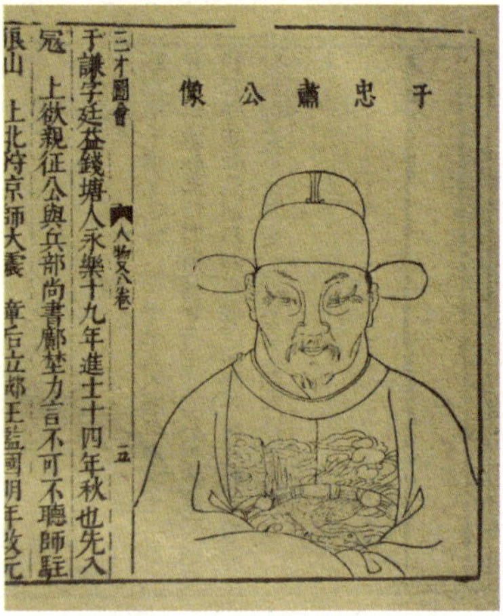

于谦画像

与代宗朱祁钰合葬的是贞惠景皇后汪氏。代宗去世，英宗打算让她殉葬。大学士李贤说：“汪氏虽立为后，即遭幽废，幸与两女度日，若令随去，情所不堪。”汪氏因此免于殉葬，但仍有唐氏等妃嫔被赐红帛自尽以殉葬。

二、 陵寝制度

景泰帝是以王礼葬金山的，其所葬之地后以金山为来龙，前以玉泉山为朝案，虽略具风水吉壤格局，但由于兄弟间皇权争夺矛盾的影响，英宗在位时，并没有给景泰帝的葬地修建多少地上园寝建筑。后宪宗即位，念及叔父“当多难之秋，俯徇群臣之请，临朝践阼，奋武扬兵，却寇势于方张，致銮舆之遄复，

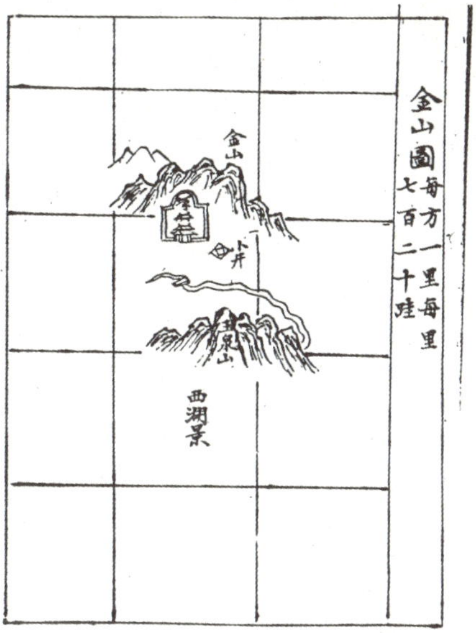

清梁份《帝陵图说》中的《金山图》

奠安宗社，辑宁邦家”，于国有功，始于成化十一年（1475年）十二月恢复景泰帝号的同时，下令所司修饰陵寝。按清梁份《帝陵图说》记，当时修建的有享殿三楹（顾炎武《昌平山水记》作“五间”，现无遗物可证），及神厨、神库、省牲亭、祠祭署、内官房、碑亭等建筑。碑亭，内石碑“大书曰‘大明’，‘恭仁康定景皇帝之陵’”。同时“缭以环堵，植以松柏，守以寺人，祀以岁时”。但“未砌宝城，未建明楼，又偏侧地势，规制狭小，气脉不佳”，并未完全达到帝陵规制标准。

嘉靖十五年（1536年）三月，世宗朱厚熜诣金山，谒景泰皇帝陵。对礼部尚书夏言说：“景皇帝陵碑偏置门左，非宜。建亭于陵门之外，大门之内，庶称尊崇。”于是夏言请作碑亭覆盖，得到世宗同意。又据《帝陵图说》载，当时世宗还下令将园寝建筑的绿瓦换为黄瓦。但就规制而言，嘉靖时景泰帝陵仍没有大的变化。所以清梁份对此评论说：“世宗喜更张祖制，又以继统无嫌改葬，且兴思曾叔祖一念已萌。及展谒甚虔，顾区区于碑之移，瓦之易，徒事烦文则已末矣。”

而现在的景泰帝陵则只剩下陵前的碑亭一座、陵门一座和陵墙一周而已。

明人绘《入跸图》中金山一带的明朝皇室陵坟建筑群

显陵

明世宗朱厚熜父母之陵

显陵，位于湖北省钟祥市东北十五公里松林山（嘉靖十年封为纯德山）南麓，是明世宗朱厚熜之父朱祐杬和母亲蒋氏的合葬陵寝。

一、明睿宗朱祐杬——死后被追尊为帝的藩王

睿宗献皇帝朱祐杬，为嘉靖皇帝朱厚熜生父，生前并未当过皇帝。他生于成化十二年（1476年）七月二日，为宪宗皇帝第二子，母为孝惠皇太后邵氏。成化二十三年（1487年）七月十一日他被封为兴王，弘治四年（1491年）建邸于湖广（今湖北）德安，后改安陆州（今钟祥）。弘治七年（1494年）九月十八日就藩。

《明史》记载，朱祐杬"嗜诗书，绝珍玩，不畜女乐，非公宴不设牲醴"，是个比较好学和不甚奢侈的亲王。他去湖北就藩后，发现当地有迷信巫师，轻视医药的习俗，就"选布良方，设药饵，以济病者"。长史张景明将自己写的《六益》一书献给他，他赐张以金帛，并说："吾以此悬宫门矣。"

正德十四年（1519年）六月十七日辰时去世，武宗皇帝恩赐嘉谥为献。两

显陵明楼前建筑遗址

年后，武宗驾崩，新袭爵的朱厚熜应召入继大统，是为世宗皇帝。

世宗登极后，朱祐杬的尊号屡有变化，不断升格。先被尊为兴献帝，嘉靖元年（1522年）被尊为本生父兴献帝，嘉靖三年（1524年）加称本生皇考恭穆献皇帝，七月去“本生”二字，嘉靖十七年（1538年）九月又尊为恭睿渊仁宽穆纯圣恭俭敬文献皇帝，庙号为睿宗，神主入太庙，位在武宗之上。

与朱祐杬合葬显陵的世宗生母慈孝献皇后蒋氏，于弘治五年（1492年）册为兴王妃，世宗入继大统后迎入皇宫。初称兴国太后，嘉靖三年（1524年）上尊号本生章圣皇太后。同年，尊为圣母章圣皇太后。嘉靖七年（1528年），上尊号“慈仁”，嘉靖十五年（1536年）复上尊号“康静贞寿”。嘉靖十七年（1538年）十二月去世。谥慈孝贞顺仁敬诚一安天诞圣献皇后。

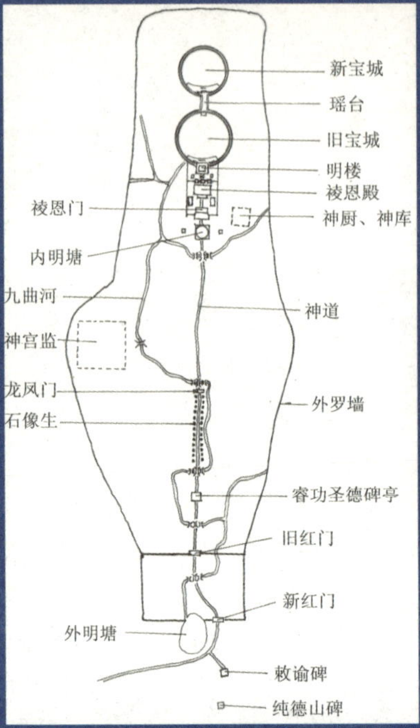

显陵平面示意图

二、王坟改帝陵的过程及陵寝制度

显陵的前身为兴献王墓，始建于正德十四年（1519年），次年建成。其坟园规制史料缺载。嘉靖三年（1524年）三月十二日，世宗诏定安陆州松林山陵为显陵，从此，这座王坟在名义上一跃而成为帝王陵墓。但其坟墓建筑则是逐步按照帝陵规制进行改建的。

该年八月十四日，显陵司香太监杨保上言：“陵殿门墙规模狭小，乞照天寿山诸陵制更造。”世宗征求工部意见。尚书赵璜上奏说：

显陵睿功圣德碑亭

显陵睿功圣德碑碑额

"陵制当与山水相称，恐难概同。今殿、墙已易黄瓦，但宜添设明楼、石碑及改司香衙门为神宫监，设置护卫曰显陵卫，其余未备房屋应创新者另为添造，应仍旧者止加修饰，不必大为改作。"世宗听从了工部意见。

嘉靖四年（1525年）三月十四日，工部奏请盖造显陵明楼、依制树碑镌刻，并名司香衙门为神宫监、陵卫为显陵卫。世宗令工部会同多官详议以闻。

同年四月九日，世宗诏命改原兴献王墓司香署为神宫监，改安陆卫为显陵卫，殿宇

显陵神道石像生全景

显陵神道石象

显陵神道棂星门局部

俱改为黄色，并添建红门，盖造神厨。对于明楼的建造，世宗根据众官意见，决定暂不建造。嘉靖七年（1528年）五月二十六日礼部右侍郎严嵩奉命树安显陵石碑。

嘉靖十年（1531年）八月，礼部尚书李时在给世宗的奏文中谈到了显陵，说它“园寝已经建造，殿宇巍峨，规制壮丽，视天寿诸陵无异”。

以上系《明世宗实录》所记嘉靖三年至十年间，该陵由王坟改建为帝陵的一些情况。又，《大明会典·工部·山陵》亦记：“兴都显陵，嘉靖六年特敕修理，各项规制，俱照天寿山，添设石像生、碑亭。八年，工完。”这说明时至嘉靖八年（1529年）显陵在陵寝制度方面已基本达到天寿山帝陵规制标准。

此后，嘉靖年间显陵在陵寝建筑制度方面又有过两次改变。一次是嘉靖十八年（1539年）时，在原有宝城之后又建了一座新玄宫及宝城并增筑陵周围垣。那年正月锦衣卫指挥赵俊奉命开启显陵玄宫，回京后报称显陵玄宫有水，众大臣纷纷上章说显陵当北迁。世宗一时拿不定主意，决定“躬自往视决之”。正月二十七日，世宗敕谕礼部：“朕惟孝子之事亲，送终为大。矧陵寝所在，

显陵内明塘

显陵明楼

显陵后宝城“哑巴院”

体魄攸居，必求允藏。庶亲安而人子之心亦安且尽矣。皇考显陵，昔者建造狭隘，虽尝增修，犹多未称。兹朕恭诣陵下，与诸左右大臣周览山川，更卜吉兆，重建玄宫，以安皇考、皇妣神灵于无穷，以昌厥后，永绵胤祚于百世。”

显陵前宝城“哑巴院”

二月十五日，世宗一行驾发京师，三月十三日世宗亲谒显陵。他降辇骑马登上陵后的纯德山，“立表于皇考陵寝之北，周阅久之，命改营焉”。

三月十四日，世宗下诏增筑显陵周围垣墙，并定新玄宫之式。

三月十九日，以启土动工祭告显陵及纯德山之神。敕工部左侍郎顾璘同内官监太监袁享督理显陵事务。

三月二十一日，以显陵兴工，世宗赐从官金币。

五月十日，世宗复敕工部左侍郎兼都察院右副都御史顾璘：“朕皇考睿宗献皇帝显陵之建有年，自朕入承祖统，嗣守天位，瞻望亲园，每兴感怆。比因慈驭升遐，朕心皇皇，故南北之议久焉未决。今朕躬视纯德山，仰睹皇考神寝之

显陵祾恩门御路石雕

制置已详，严体之尊安已定，兹当恭奉皇妣梓宫合葬于此，是为万世永永之图。所有二圣玄宫、宝城宜遵照今降图式建置……尔等宜殚竭心力，综理区画，务要尽善尽美，刻期工完。”

七月十五日，新玄宫建成。嘉靖二十二年（1543 年）六月，显陵改建全部竣工。

显陵陵寝建筑制度第二次改变，是嘉靖三十三年（1554 年），完成了祾恩殿的改建工程，殿宇形制仿照景陵的祾恩殿。

至此，显陵的陵寝制度基本定型。其制坐北朝南，周围筑有一道砖砌的外罗城，外罗城平面走势略呈瓶形，周长 3400 余米。城外筑有一道栅栏木城。外罗城内按天寿山陵寝制度建有神道及陵宫建筑。

神道前面第一座建筑是新红门，它坐落于外罗城前墙之间，陵寝中轴线偏东位置，其形制为黄琉璃瓦、单檐顶、下辟三门，功用略如天寿山陵区的大红门。门前左右两侧亦如天寿山陵制各立下马碑，碑刻“官员人等至此下马”八字。碑的西南侧正对陵园中轴线有大水塘，名为外明塘。新红门之南有小山，山上立有明嘉靖十年敕封纯德山碑。新红门以内，略往西北有并列而建单空石拱桥三座，陵寝九曲河流经桥下。（九曲河从陵东而来，左曲右环，经五组石桥，此三桥为第一组石桥）。桥北为旧红门，门制如新红门，其左右有横亘与外罗城相接，门左右有随墙而设的掖门。

旧红门内往北又有并列而建的单空石桥三座，为九曲河所经第二组桥涵。

桥北为显陵睿功圣德碑亭。亭内立碑。其制螭首龟趺，碑阳刻世宗皇帝御制碑文。

碑亭之北为第三组并列而建的三座单空石桥。

桥北为石像生。起首为一对石望柱，再后列石兽石人 12 对。由前及后顺序为坐狮 1 对、坐獬豸 1 对、卧骆驼 1 对、卧象 1 对、坐麒麟 1 对、立麒麟 1 对、卧马 1 对、立马 1 对，将军 2 对、朝衣冠品官 1 对、朝衣冠功臣 1 对。石像生的种类同天寿山陵，但数量略少，尺度亦较小。

石像生后为棂星门一座，制如天寿山陵区的龙凤门。

棂星门北有前后两组并列而建的三座单空石桥。

再北有平面呈圆形的水塘一座，名内明塘。塘左右各有碑亭一座。左置瑞文碑，右置纯德山祭告文碑。

内明塘之北为陵宫建筑。其平面格局亦由前方后圆两部分组成。

前方，为前面两进方形院落。前面第一进院落设门为祾恩门，面阔三间，其前后各设三出踏跺，中一出各有御路石雕，雕饰云龙图案。门左右各有装饰精美的琉璃照壁。院内北建祾恩殿，左右建配殿及神帛炉。祾恩殿，面阔五间（通阔 31.73 米），进深四间（通深 17.38 米），后设抱厦一间，有门。殿宇的顶部形制按文献所记为重檐歇山转角、天龙井花、碾金点玉。殿宇台基为一层，前面月台的正面及左右两侧面各有踏跺，正面踏跺中部有雕饰云龙的御路石雕。台基后部则仅设踏跺一出，无御路石雕。左右配殿，面阔各为五间（通阔 22.2 米），进深各为三间（通深 9 米）。

第二进院落，前设琉璃花门楼三座，制如天寿山献、景、裕诸陵。院内沿中轴线前设有柱出头式牌楼，后设石五供，石供案左右各有碑亭一座，左亭内为御制文碑，右亭内为御赐谥册志文碑。

后圆部分为两座前后相连的圆形（平面）宝城。

前面的宝城，前设方城、明楼，内设琉璃照壁及左右转向礓䃰，形制一如天寿山献、裕诸陵。明楼，按文献所记，其形制亦为虎座重檐歇山顶，角方梁斗科俱碾玉点金，天花顶板，金莲水藻，檐亦铜丝罘罳。楼内圣号碑，篆额“大明”，碑阳刻“恭睿献皇帝之陵”。宝城内有墓冢为宝山，其下即原兴献王墓旧玄宫。宝城之内后部有礓路䃰上通瑶台（瑶台为连接前后宝城，中设马道的城墙)。后面的宝城，平面亦作圆形。城内中为宝山，下为新玄宫。宝山之前，如前宝城亦设有琉璃照壁，并有上通瑶台的左右转向礓礤及正面礓礤。

此外，显陵仿天寿山陵制还有宰牲亭、神厨、神库、神宫监、祠祭署等相关附属建筑之设。其中，宰牲亭、神厨库位于祾恩门外左方，神宫监位于神道石像生西北。

明朝末年，显陵遭到破坏。崇祯十六年（1643年）李自成农民起义军攻陷承天府，将陵寝建筑焚毁。现陵园地面建筑虽大多不存，但石像生、宝城、红门、桥涵、陵垣保存尚好，殿宇等建筑也有台基保存。鉴于显陵重要的文物、历史价值，1956年，湖北省人民政府公布其为第一批省级文物保护单位。1988年国务院公布其为全国重点文物保护单位。

显陵外明塘

长陵神道全景

后 记

明朝帝陵在中国古代帝陵中占有极为重要的地位，明朝帝陵不仅在建筑布局、艺术特色等方面与宋代乃至以前历代帝陵有较大区别，进而深刻影响了清代帝陵制度，使明清两代帝陵在中国封建社会晚期形成了较为固定的模式，而且其保存完整程度也是宋代乃至以前历代帝陵所不能比拟的。所以，联合国世界遗产委员会将“明清皇家陵寝”作为一个项目列入《世界遗产名录》是有其充分理由的。

明朝帝陵的历史、文物价值如此珍贵，作为一名文物工作者对其进行深入研究和广泛宣传自然是我责无旁贷的事。2001 年 6 月，拙作《明朝帝王陵》曾在北京燕山出版社出版。该书以文字记述为主，虽配有一些图片，但数量较少，且多为黑白图片。随着现代图书出版水平和人们欣赏要求的不断提高，显然有些不尽如人意。为了让读者特别是广大游客能更多地了解明代帝陵，强化人们对明朝帝陵的直观感受，了解更加丰富有趣的明朝帝陵文化知识，笔者在大量参阅相关历史资料和前人研究成果的基础上，历时数年，撰写了这本《图说明朝帝陵》。此书在撰写过程中，除在文字上力求知识精练准确外，还尽可能多地选配了明朝帝陵的图片，以期图文并茂、相得益彰。

以图说形式记述文物古迹的方式古人已经采用。清朝康熙年间，著名学者梁份曾著有《帝陵图说》，很有影响。该书为后世留下了珍贵的历史资料。但遗憾的是该书并未对明代所有帝王级陵寝进行全面的记述，其所记范围只有北京天寿山的明十三陵及京西金山景泰帝陵。南京的孝陵则只列有目次，内容部分全为空页。实际上是打算写却因种种原因而没有写。至于安徽凤阳的皇陵、江苏盱眙的祖陵及湖北钟祥的显陵则连目次也未出现，显然是根本没有写的打算。另外，该书尽管属于“图说”性质，但每陵所附图片却只有一幅。受当时测绘水平和著者建筑专业知识的局限，所附各图虽然是在步测的基础上绘制的，但却均属示意性的图画，其科学性和准确性与现在读者的期望值相差甚远。为能前承古人，利用图说形式更好地向读者及游客宣传明朝帝陵知识，本书不仅在内容方面涵盖了明代所有帝王级陵墓，而且还配以大量的彩色图片以及一些现状测绘图、透视图，力求融学术性、知识性和趣味性于一体，达到弘扬祖国优秀传统文化，为海内外读者及游客提供全面了解明代帝陵历史资料的目的。

限于笔者学识，书中错误或不当之处在所难免，衷心希望广大读者朋友给予批评指正。

胡汉生

2015 年 7 月 28 日

The end